LA CONSTRUCCIÓN DE LA NOTICIA Y EL PAPEL DE LOS SOCIAL MEDIA Y PERIODISMO CIUDADANO EN LA GESTIÓN DE INFORMACIÓN DE DESASTRES O CATÁSTROFES NATURALES

LA CONSTRUCCIÓN DE LA NOTICIA Y EL PAPEL DE LOS SOCIAL MEDIA Y PERIODISMO CIUDADANO EN LA GESTIÓN DE INFORMACIÓN DE DESASTRES O CATÁSTROFES NATURALES

Coordinadora

Mª Luisa Sánchez Calero
Pilar Limón Naharro

Autores

Jessica Paola Mantilla
Ana María Larrea
Armando Fabricio Rosero
Basilio Cantalapiedra Nieto
Alfredo Palacios Roa
Jonathan Segovia Quezada
Carles Pont
Guillem Suau
Salvador José Percastre
Lorena Santos
Alicia de Lara
Mª Luisa Sánchez Calero
Celia Sánchez Leiro
María Antonia Calleja-Reina
Elena Becerra Muñoz

Sevilla

2017

LA CONSTRUCCIÓN DE LA NOTICIA Y EL PAPEL DE LOS SOCIAL MEDIA Y PERIODISMO CIUDADANO EN LA GESTIÓN DE INFORMACIÓN DE DESASTRES O CATÁSTROFES NATURALES

Edita: Egregius Ediciones
www.egregius.es

Coordinadoras:

- Mª Luisa Sánchez Calero
- Pilar Limón Naharro

Autores:
- Jessica Paola Mantilla
- Ana María Larrea
- Armando Fabricio Rosero
- Basilio Cantalapiedra Nieto
- Alfredo Palacios Roa
- Jonathan Segovia Quezada
- Carles Pont
- Guillem Suau
- Salvador José Percastre
- Lorena Santos
- Alicia de Lara
- Mª Luisa Sánchez Calero
- Celia Sánchez Leiro
- María Antonia Calleja-Reina
- Elena Becerra Muñoz

Diseño: Francisco Anaya Benitez
Maquetación: Guillermo Paredes Otero

ISBN - 978-84-17270-00-1

ÍNDICE

LA CONSTRUCCIÓN DE LA NOTICIA Y EL PAPEL DE LOS SOCIAL MEDIA Y PERIODISMO CIUDADANO EN LA GESTIÓN DE INFORMACIÓN DE DESASTRES O CATÁSTROFES NATURALES

Mª Luisa Sánchez Calero
Universidad Complutense. Facultad de Ciencias de la Información.

Pilar Limón Naharro
Jefa de Comunicación de Emergencias 112 Andalucía

Los medios de comunicación tradicionales han perdido relevancia y protagonismo en el control y distribución de la información en situaciones de emergencias, eventos meteorológicos, y desastres o catástrofes naturales, en favor de los Social Media y el nuevo Periodismo Ciudadano.

En los últimos años el aumento significativo de las nuevas tecnologías de la información y la comunicación (TICs) y su uso en las redes sociales ofrecen nuevos espacios para la organización social y a la vez nuevas oportunidades a los gobiernos y a las comunidades para incrementar la resiliencia ante la vulnerabilidad de sociedades expuestas a un mayor riesgo. Son una multitud los ejemplos de casos a nivel nacional e internacional que revelan el impacto que las redes sociales tienen como réplica a las necesidades de la población en situaciones límites, ya que han transformado no solo la percepción que se tenía del riesgo, sino que manifiestan nuevas expectativas ante la respuesta de instituciones y de la propia población civil. La realidad es que ya forman parte de este nuevo escenario diario en la vida de millones de usuarios alrededor del mundo y este crecimiento exponencial hace que debamos aprovechar no solo las oportunidades que nos blinda la red para comunicar, si no que se exhiban sus otros usos, y comportamientos en sociedades y situaciones que puedan generar alarma social.

En este nuevo simposio del II Congreso de Comunicación y Pensamiento de la Universidad de Sevilla, hemos organizado nuestra mesa redonda en torno a esta temática, con un notable éxito de participación por parte de ponentes nacionales e internacionales. Autores que han abordado sus estudios haciendo una llamada al análisis, al examen o a las experiencias. Pero también al uso, oportunidades y los retos que configuran los social media y el nuevo escenario del periodismo ciudadano en la comunicación desarrollada por instituciones públicas o privadas y por los medios de comunicación en situaciones de emergencias, eventos meteorológicos, y desastres o catástrofes naturales, en la sociedad actual.

Las ocho ponencias que componen este libro dan fe de sus contribuciones en un manual que aborda no solo un tema muy de actualidad, sino que además aportan su visión de la comunicación desde el punto profesional, investigador, y como ciudadano. Cada una aborda una visión diferente sobre el rol que desempeñan los Social Media en este tipo de informaciones y son defendidas por sus autores que presentan concepciones y enfoques variados del tema que van desde: El rol que han jugado los medios digitales en la tarea y la forma de construcción de la noticia de desastres naturales. El cambio que se ha producido en el papel protagónico de los usuarios con la web 2.0. El protagonismo de los social media con mayor implantación. La irrupción de las redes sociales, en numerosas catástrofes naturales. La permisibilidad entre los servicios de emergencias y el público al compartir en tiempo real información relevante del estado del desastre. La gestión de la comunicación institucional en redes sociales ante una catástrofe natural.

Madrid a 13 de septiembre de 2017

CAPÍTULO I

TERREMOTO EN ECUADOR, ABRIL 2016: HISTORIA, PREVENCIÓN Y COMUNICACIÓN DIGITAL.

Jessica Paola Mantilla Salgado
Ana María Larrea Ayala
Armando Fabricio Rosero Vaca
Universidad Técnica del Norte, Ecuador

Resumen

Ecuador, en América Latina, se encuentra en el Cinturón del Fuego del Pacífico, lo que hace que esté atravesado por una gran falla geológica producto de la subducción de la placa de Nazca, en el océano, con la placa Sudamericana, en el continente. Desde 1541, que se tienen reportes, hasta la fecha, han existido 37 terremotos, muchos de gran magnitud, como los registrados durante la época colonial. Sin embargo, el último del 16 de abril de 2016, localizado en las provincias de Manabí y Esmeraldas, de 7,8 en la escala de Richter, fue devastador, no solamente por los 671 fallecidos y los costos estimados en 3.344 millones de dólares, sino porque evidenció la rapidez de reacción de la comunicación digital frente a los medios tradicionales. Además se detectó la falta de control en las infraestructuras (70 por ciento en situación de informalidad en la construcción de casas, en el país). Mas, eventos como la prevención frente al volcán Cotopaxi, meses antes, y los lineamientos en políticas comunicacionales institucionales a la hora de informar sobre los sucesos fueron un aliciente. De hecho, los terremotos siempre dejan lecciones.

Palabras Claves

Terremoto, Manabí, Esmeraldas, Volcán Cotopaxi, Comunicación digital, prevención desastres, activismo ciudadano.

Abstract

Ecuador, a Latin American country, is located in the Pacific's ring of fire. Due to this, Ecuador is crossed by a huge geographical fault, result of the subduction of the Nazca plate with the South American tectonic plate, in the ocean.

According to the reports; since 1541, there have been 37 earthquakes, the majority of great magnitude, like the ones occurred during the colonial period.

However, the last one occurred on April 16th, 2016; took place in Manabí and Esmeraldas provinces, measuring 7.8 degrees on the Richter scale. It was devastating, not just for the number of victims (671) and the economic loss of around 3.344 millions of dollars; but it revealed the speed of the digital communication reaction in comparison to the traditional media.

Besides, the lack of control was evident, as the infrastructure case (70% of the informal situation of the country). More events like the prevention facing Cotopaxi volcano situation, in the previous months and the strategic lines in communicative policies, have given our country some tranquility and security.

In fact, earthquakes always left valuable lessons.

Keywords

Earthquake, Manabí, Esmeraldas, Cotopaxi volcano, Digital communication, disaster prevention, citizen activism.

1. Introducción.

Ecuador es un país vulnerable. El pasado 16 de abril de 2016 un violento terremoto de 7,8 en la escala de Richter afectó las provincias de Manabí y Esmeraldas, en el litoral, dejando un saldo de 671 fallecidos y la devastación de ciudades. Además de un impacto en la economía de aproximadamente 3.344 millones de dólares.

El artículo contextualiza la situación de vulnerabilidad de Ecuador al encontrarse en el Cinturón de Fuego del Pacífico y donde las grandes estructuras de la corteza terrestre llamadas fallas generan una alta probabilidad de movimientos telúricos de importancia en el país.

Además, el texto hace un recuento de la preparación previa a la posible erupción del volcán Cotopaxi que, a la postre, permitió tener los insumos que permitieron aliviar en las primeras semanas la tensión en la zona de desastre en la costa ecuatoriana. Esto, porque los equipos de socorro trabajaron con anterioridad en estos temas.

Sin embargo, para entender la situación de Ecuador, se realiza un análisis histórico desde la época colonial, cuando existieron los primeros registros, además de los cruentos terremotos como es el caso de las ciudades de Riobamba, en 1797, e Ibarra, en 1868, que devastaron estas dos poblaciones. Hasta el momento se han contabilizado 37 sismos en el país, sin contar las erupciones volcánicas.

Por este motivo, se analiza con más profundidad el terremoto en la zona costera ecuatoriana, de abril de 2016, para encontrar los puntos importantes, como es una falta de control en la infraestructura pero también para saber cómo reaccionaron desde la institucionalidad o desde la ciudadanía. En este punto, para delimitar el tema amplio en el ámbito comunicacional, se realiza un análisis de lo digital. En primer término porque este tipo de información fue clave dentro del evento frente a los medios tradicionales y segundo porque, a partir de este enfoque, se pueden encontrar pistas para futuros acontecimientos destructivos y preparar de mejor manera a la ciudadanía. Además, por los delgados límites que existen entre un activismo ciudadano o un voluntariado que, a veces, también recurren a prácticas que contradicen los protocolos para este tipo de eventos donde la información es vital para no causar pánico.

Y esto, porque con la llegada del Internet la comunicación no puede ser concebida como en el pasado. El destinatario pasivo ha quedado atrás, pues hoy la participación y generación de contenidos es una de las características principales del receptor de la información.

El 16 de abril de 2016, el terremoto que ocurrió en Ecuador develó como aseguran Rivera Rogel y Rodríguez Hidalgo (2016) el papel protagónico en el espacio informativo de los usuarios quienes adquieren mayores posibilidades de interactuar en la red, navegar por las diferentes redes sociales y de cierto modo apropiarse de las Tecnologías de la Información y Comunicación (TIC).

2. Ecuador, en el Cinturón de Fuego del Pacífico

Un terremoto es la vibración de la Tierra producida por una rápida liberación de energía. Según ABC Ciencia "los más pequeños liberan una energía similar a la de un relámpago, pero los más poderosos pueden superar con mucho a las explosiones atómicas más potentes" (López Sánchez, 2015). Cada año en el mundo se producen más de 300.000 terremotos perceptibles. Sin embargo, gran parte de estos no provocan fuertes daños, pues de esta cifra cerca de 75 son los terremotos significativos que en su mayoría se originan en regiones remotas. Cuando estos tienen lugar cerca de una población se convierten en una de las fuerzas naturales más destructivas del planeta. (Tarbuck, Lutgens and Tasa, 2005).

Para Edward Tarbuck y Frederick Lutgens (2005) lo más frecuente es que los terremotos se produzcan por el deslizamiento de la corteza terrestre a lo largo de una falla, pues si bien la energía liberada por las explosiones atómicas o por las erupciones volcánicas también pueden producir un terremoto, estos acontecimientos son poco frecuentes y no suelen tener fuerza porque el mecanismo que produce sismos más destructivos es el que está relacionado con las grandes estructuras de la corteza terrestre llamadas fallas.

Las fallas geológicas generalmente están asociadas con los límites entre las placas tectónicas de la Tierra. Sin embargo, hay lugares en el planeta más expuestos que otros a sufrir estos eventos naturales. Tal es el caso de lo que se denomina el Cinturón del Fuego del Pacífico, que abarca las líneas costeras del Océano Pacífico en un área de 40.000 kilómetros donde se concentran 452 volcanes. Es precisamente en esta geografía, en esta zona de subducción, donde se produce el 90% de los terremotos del mundo, seguidos por el denominada Cinturón Alpino.

¿Qué es el Cinturón de Fuego del Pacífico? Es todo el anillo continental que rodea al Océano Pacífico, desde la Patagonia al sur de Chile, subiendo por toda la costa pacífica suramericana. (Laboyanos, 2016) Esto involucra a muchos países y continentes, desde la zona de Alaska, pasando por Japón y Australia y los países sudamericanos.

En este contexto, el Ecuador, ubicado en América del Sur, está atravesado por una gran falla geológica, producto de la subducción de la placa de Nazca, en el océano, con la placa Sudamericana, en la región continental. Este proceso origina una falla geológica en el borde continental, de la que se derivan fracturas que causan movimientos sísmicos. (El Comercio, 2014).

Una de las identidades que tiene el país es la gran diversidad de su relieve. "Responsable principal de esta cualidad nacional es la presencia del gran sistema montañoso de los Andes... Los Andes son montañas con una actividad volcánica más importante que las del cinturón mesógeno, que se extiende desde Gibraltar hasta las islas de la Sonda, en el sudeste asiático". («Las formas del Relieve» 1999).

3. Terremotos registrados desde la época colonial

Los terremotos en la Audiencia de Quito, como se llamaba antiguamente Ecuador, eran frecuentes. A tal punto, que durante la época colonial eligieron hasta un santo para estos menesteres: San Jerónimo. Así, en el lapso de 1541-1896, como parte de la época republicana, el Instituto Geofísico tiene registro de 17 terremotos en diferentes localidades ecuatorianas. 20 desde 1906 a la fecha. En total 37 eventos de este tipo. (El Universo, 2016).

Un suceso de magnitud fue el de 1698, que ocurrió en las actuales provincias de Cotopaxi hasta Azuay, en la serranía ecuatoriana con un aproximado de víctimas cifradas en 8.000. Uno de los más violentos sucedió el 4 de febrero de 1797 con la destrucción total de Riobamba, en la provincia de Chimborazo, en el centro del país. Tuvo una magnitud de 8,3. Fue el terremoto más destructivo en suelo ecuatoriano y uno de los de mayor magnitud en toda su historia. Causó daños en Chimborazo, Tungurahua, Cotopaxi, Bolívar y Pichincha. Se modificó el paisaje por las grietas, hundimientos y cambió el curso de los ríos. Muertos contabilizados: 12.833, pero se estima que la cifra sería de 31.000, según nota publicada por el diario El Universo (El Universo, 2016).

Muchos viajeros que visitaron Ecuador en el siglo XIX relatan estos acontecimientos, como Friedrich Hassaurek, Joseph Kolber, Stevenson, el propio Alexander von Humboldt y Francisco José de Caldas.

"Federico González Suárez refiere que poco antes de las ocho de la mañana, de ese sábado 4 de febrero de 1797, aconteció una gran explosión en la meseta interandina, un fenómeno geológico de los más espantosos: violentos temblores de ondulación sacudieron la cordillera, desde la ciudad de Popayán hasta más allá de Loja" según el libro Del luterano al terremoto (Morales Mejía, 1998).

Lo que más sorprende de este evento durante la época colonial es, al parecer, el profundo cambio en la geografía, donde los valles se transformaron en cerros y las ciudades terminaron en hondonadas.

Este evento telúrico fue de tal magnitud que la antigua ciudad de Riobamba, ubicada en Sicalpa, tuvo que ser trasladada al actual sitio en la llanura de Tapi. Otra ciudad que fue devastada completamente, ya en la época republicana de Ecuador, fue Ibarra, la actual capital de la provincia de Imbabura, al norte del país. Además, de muchas de sus poblaciones circundantes.

"A la una y cuarto de la madrugada, del domingo 16 de agosto de 1868, se escucha el tremolar de la tierra. En tres segundos, según refieren los cronistas, la bellísima Villa, como la conocían en la colonia, es arrasada. Apenas seis días más tarde de la catástrofe se han podido auxiliar a las víctimas, muchas de las cuales han muerto por el abandono. 20.000 personas han perecido en toda Imbabura, de las cuales aproximadamente 5.000 son de Ibarra". (Morales Mejía, 2017)

En enero de 1906, un terremoto acompañado de un tsunami, que tuvo como epicentro el Océano Pacífico, tuvo repercusiones en las costas fronterizas de Ecuador y Colombia, en Esmeraldas y Tumaco. Este sismo, que tuvo 8,8 de magnitud, es el quinto más fuerte que se ha registrado en el mundo, desde que existen los sismógrafos. En Limones desaparecieron bajo las aguas cuatro islas. Hubo 30 muertos en Esmeraldas. Las olas arrojaron a la costa de Tumaco (Colombia) unos 90 cadáveres. (El Universo, 2016).

Como se podrá notar, a lo largo de esta breve síntesis, muchos de los terremotos acontecieron en la Serranía ecuatoriana, que es conocida como la Avenida de los Volcanes por la cantidad de estos colosos aunque en muchos de los casos han sido eventos aislados. El otro punto a tener en cuenta es que también, como se verá más adelante, han sido insistentes los sismos al norte de Ecuador, precisamente en las provincias de Esmeraldas y Manabí, especialmente en Bahía de Caráquez que últimamente también sufrió efectos devastadores.

Un evento telúrico importante acontece en el centro del país el 5 de agosto de 1949 en el llamado terremoto de Tungurahua de 6,8 grados, con epicentro en Ambato. Pelileo desapareció toda. Píllaro, un 90%; Guano (Chimborazo), un 80%; Ambato, 75%. Área afectada: 1.920 km². Muertos: 6.000 (aproximado). Personas sin hogar: 100.000, aproximadamente. (El Universo, 2016).

Otros terremotos, de menor magnitud, también se han registrado el 8 de abril de 1961, con un terremoto de 7 grados, en Chimborazo; 19 de mayo, 1964 terremoto de escala 8, afecta a Manabí; 5 de marzo de 1987, epicentro Napo, con una escala de 6,9 grados; 2 de octubre, 1995 de 6,9 grados en la escala, en la provincia de Morona Santiago. Además, el 4 de agosto, 1998 de 7,1 grados en la escala, con epicentro en Bahía de Caráquez, provincia de Manabí.

Como se notará en esta reseña histórica, Ecuador es altamente vulnerable no solamente a eventos sísmicos, sino también a erupciones volcánicas de las cuales hay registros. A tal punto, que el científico alemán Alexander von Humboldt se admiraba que la mitad de los pobladores vivieran bajo un volcán.

4. La prevención en el caso del volcán Cotopaxi

El siglo de los viajeros, el XIX, bajo el espíritu posterior del romanticismo, también atrajo las miradas hacia el volcán activo más alto del mundo: Cotopaxi, de 5.897 metros sobre el nivel del mar, ubicado al sur de Quito, la capital. Así, en el libro Viajes a través de los majestuosos andes del Ecuador, de Edward Whymper, indica: "El Cotopaxi es un volcán ideal. Volcánicamente hablando, su comportamiento es de los mejores; no es de los que se irrita, estallando en paroxismo, para dormirse enseguida; se halla en un estado de continua actividad, y así se ha encontrado un lugar en la historia". (Whymper 1994). De hecho, fue Whymper la primera persona en ascender al Cotopaxi.

Antes, los científicos franceses que llegaron al país para medir el meridiano terrestre dejaron constancia del asombro ante el coloso. Tal es el caso de Charles Marie de La Condamine y sus acompañantes durante el siglo XVIII. Los propio lo hizo, a inicio del XIX, el científico alemán Alexander von Humboldt, así como sus compatriotas Stübel y Reiss, quienes incluso comisionaron al pintor Rafael Troya para realizar magníficos lienzos de estos parajes. Pero fueron los viajeros de corte científico cómo Teodoro Wolf quienes, en algunos casos, fueron los primeros en ascender a algunas de las cumbres más importantes de Ecuador por primera ocasión.

El Cotopaxi está ubicado en la cordillera de los Andes del Ecuador, a 60 kilómetros al sureste de Quito (Pichincha) y a 45 kilómetros al norte de Latacunga (Cotopaxi), tiene su forma actual como consecuencia de una serie de sucesivos eventos geológicos y volcánicos (Andrade et al. 2005).

La última gran erupción registrada fue el 26 de junio de 1877. Sin embargo, expertos en este volcán aseguran que las culturas anteriores a la época colonial, conocidas como señoríos étnicos, fueron testigos de múltiples erupciones. Pero no existen registros, pues las descripciones a detalle de éste empiezan con la llegada de los españoles a Ecuador.

Hace 140 años, Teodoro Wolf y Luis Sodiro, citados en el libro "Los peligros volcánicos asociados con el Cotopaxi", afirmaron la actividad eruptiva del volcán. "Los lahares (flujos de lodo y escombros) fueron tan caudalosos que rebosaron fácilmente los cauces naturales de los ríos provocando extensas inundaciones de lodo y destrucción en las zonas aledañas". (Andrade et al. 2005). Ese día además se registró una importante lluvia de ceniza. Expertos vulcanólogos aseguran que este volcán es capaz de eventos eruptivos de mucho mayor tamaño.

En 1976, el Instituto Geofísico inició el monitoreo de la actividad del volcán Cotopaxi, siendo esta estación la primera instalada en Sudamérica para estos fines. Sin embargo, es a partir de 2001 que el dinamismo ha cambiado. "El Cotopaxi es considerado uno de los volcanes más peligrosos del mundo debido a la frecuencia de sus erupciones, su estilo eruptivo, su relieve, su cobertura glaciar y por la cantidad de poblaciones potencialmente expuestas a sus amenazas" («COTOPAXI - Instituto Geofísico - EPN» 2017).

En caso de una erupción varias serían las poblaciones afectadas por los flujos de lodo y escombros que llegarían a zonas densamente poblados como Mulaló, Latacunga y el Valle de los Chillos, pertenecientes a las provincias de Cotopaxi, Pichincha y Napo, donde más de 330.000 personas viven actualmente. Además, la ceniza afectaría gran parte de la Sierra y Costa ecuatoriana.

Este volcán de forma cónica con nieve, es el último en despertar de los cuatro colosos actualmente activos en Ecuador, entre los que se encuentran el Tungurahua, Sangay y El Reventador.

La última alerta de incremento de actividad se produjo el 14 de agosto de 2015, la misma que forzó la evacuación preventiva de 400 personas y el cierre de las 33.000 hectáreas del Parque Nacional Cotopaxi que lo rodea. Además, el ex presidente Rafael Correa decretó estado de excepción, encargó la coordinación de las actividades de emergencia al Ministerio Coordinador de Seguridad y la Secretaría de Riesgos y reservó parte del presupuesto del Estado para una eventual emergencia (El Universo, 2015).

Adicionalmente, se activaron los Centros de Operaciones de Emergencia (COEs), tanto provinciales como municipales, donde se reúnen las principales autoridades para tomar rápidas decisiones. Asimismo se realizaron simulacros de evacuación con el fin de conocer el tiempo con el que dispone la población para llegar a lugares seguros y educar a los pobladores en la forma de actuar en caso de erupción.

Técnicos del Ministerio de Agricultura, Ganadería, Acuacultura y Pesca (MAGAP) capacitaron a militares en la producción de alimento para el ganado de las zonas afectadas por la ceniza volcánica. Mientras que el Ministerio de Cultura tomó las precauciones del caso para conservar los bienes culturales patrimoniales ubicados en los museos de las zonas de riesgo. (La Hora, 2015).

En este contexto, no solamente la población más cercana al volcán empezó a prepararse sino que quienes vivían en las ocho zonas de riesgo en el cantón Rumiñahui y nueve del cantón Quito (Pichincha) iniciaron un proceso de organización ante una posible emergencia, pues el Cotopaxi puede emitir ceniza volcánica o flujos piroclásticos.

Según los informes, de haber una explosión muy grande, la ceniza muy caliente y pesada subiría, pero caería por su propio peso, siguiendo los valles circundantes al volcán. Podría bajar a grandes velocidades, incluso a más de 200 km/h, a más de 600 grados Celsius de temperatura (Avril, 2015).

Para contrarrestar esta situación de emergencia se realizaron campañas de prevención con la inclusión de mapas, volantes, trípticos, cuñas radiales, spots televisivos, títeres, ferias... Estas simulaciones fueron parte de la campaña de preparación a la población para enfrentar una posible erupción. Mensajes que enseñaron a las personas desde preparar las mochilas de emergencia hasta asignar responsabilidades a cada miembro de la familia en el plan de evacuación.

En noviembre de 2015, un gran simulacro nacional se realizó con el objetivo de validar los protocolos, evaluar la capacidad de respuesta institucional y el nivel de corresponsabilidad de los ciudadanos. Al menos 70 mil personas participaron, 79 instituciones, 2.800 efectivos policiales y alrededor de 55 mil miembros de la comunidad educativa, entre estudiantes de educación media, superior y personal administrativo de las provincias de Cotopaxi, Pichincha y Napo.

Al finalizar la simulación, César Navas, ex ministro Coordinador de Seguridad, afirmó que los resultados obtenidos demostraron una mejor preparación de la ciudadanía de estas provincias para enfrentar este tipo de desastre natural («Simulacro nacional por posible erupción del volcán Cotopaxi contó con la participación de varias entidades gubernamentales» 2015).

Esta preparación sin duda se reflejó en el 16 de abril de 2016 cuando la tierra nuevamente tembló en el Ecuador. Aunque la situación fue imprevista, muchos organismos gubernamentales y no gubernamentales enfrentaron con prontitud y organización principalmente debido a que estaban esperando otros eventos naturales como la posible erupción del volcán Cotopaxi. (Coello, 2017).

5. El terremoto del 16 de abril de 2016 en Manabí y Esmeraldas

La zona norte de Ecuador, en su parte costera, es una de las más deprimidas económicamente, donde se encuentran una gran población de afrodescendientes. Se trata de la provincia de Esmeraldas donde, en contraste, se levantan exclusivos centros hoteleros. La otra provincia, más al sur, es Manabí, con una población mestiza (conocidos como montubios) de extensas playas pero también de feraces sequías. Aunque las políticas de prevención de desastres en Ecuador no son las más adecuadas, precisamente fueron en estas zonas donde se advertía la posibilidad de un evento telúrico, no solamente tomando en consideración el sismo de inicios del XX, sino particularmente por una historia de terremotos como los sucesivos ocurridos en Bahía de Caráquez, en el estuario del río Chone.

Desde 2014, los organismos insistían sobre la falta de planes concretos de prevención y evacuación, pese a que en Manabí se destacaba con uno de los mayores desarrollos inmobiliarios del país, desde hace casi dos décadas, con un inconveniente: falta de controles adecuados para las edificaciones.

Las alertas comenzaron desde 2014. Así según Eduardo Benavides, de la oficina de Gestión de Riesgo de la urbe, el 70% de las construcciones en Manta está sobre lomas de mediana y baja pendientes. Más de 50% no es sismorresistente, dijo en esa fecha el funcionario "por ello estamos elaborado un plan para frenar la construcción de viviendas en laderas". En Esmeraldas no hay planes de prevención de sismos. El 65% de construcciones es informal y, al no existir un registro efectivo de estructuras, se implementa un programa de contingencia para el 2016, según el diario El Comercio, (El Comercio, 2014).

Precisamente en estas circunstancias, como si los eventos habrían elegido el peor de los escenarios, se produjo el cruento terremoto del 16 de abril de 2016, en la zona de subducción en Pedernales (Manabí), entre la placa Oceánica y Continental, es decir entre la de Nazca frente a la Sudamericana, con una intensidad de 7,8 en la escala de Richter.

"El terremoto fue el tercero más mortífero de los últimos quince años en América Latina, superado por el de Haití en enero de 2010, con entre 200.000 y 250.000 muertos, y los dos que sacudieron a El Salvador en enero y febrero de 2001, con 1.142 fallecidos". (El Universo, 2016). El evento se sintió en casi todo el país, incluyendo hasta la lejana Bogotá, en Colombia, y Piura, en Perú.

El sismo que se localizó en la población de Pedernales –destruyéndola casi completamente- y Cojimíes, también afectó la provincia de Manabí, especialmente a Manta, y la cercana Portoviejo, así como poblaciones al sur de la provincia de Esmeraldas. La cifra fue estremecedora: 671 fallecidos, más de 6.000 heridos, 8.690 albergados, 113 personas rescatas con vida, 3.429 réplicas en los días siguientes y edificaciones afectadas. Los costos económicos estimados fueron de los 3.344 millones de dólares, en un país que en esos momentos se encontraban en una recesión económica por la baja de los precios del petróleo, del cual dependen substancialmente. Además, porque precisamente la provincia de Manabí es el referente de la industria pesquera y hotelera del país. Fue tan grave el impacto del terremoto que se calcula en un millón de personas las afectadas, en las zonas del desastre, lo que representa el 10 por ciento de la población ecuatoriana, según el Informe de Gestión del Comité para la Reconstrucción y Reactivación Productiva (Comité para la reconstrucción y reactivación productiva, 2016).

Precisamente para hacer frente a la catástrofe el Gobierno Nacional, en ese entonces presidido por Rafael Correa Delgado, creó el Comité de Reconstrucción y Reactivación Productiva, con una amplia gama de actividades, entre alberges, ayuda humanitaria, pero de manera especial con cobro de impuestos, por una sola ocasión, para paliar el evento natural. Existieron 85 albergues que acogieron a 8.282 personas.

Para febrero de 2017, la cifra de este empeño gubernamental fue de 2.410 millones de dólares, de los cuales 1.712 millones de dólares fueron destinados exclusivamente para la reconstrucción, especialmente de 22.015 casas afectadas, de un total de 69.335 edificaciones afectadas.

Sin embargo, como se dijo al inicio, muchas de estas construcciones carecían de un sustento arquitectónico adecuado, sumada a la falta de controles especialmente de los llamados gobiernos seccionales, en un país donde el 70 por ciento de las construcciones son informales.

"En Ecuador se carece de registros municipales de planos y licencias de construcción rígidos. Estos no pasaron por la revisión de un profesional y las edificaciones fueron construidas por maestros de obra con mucha o ninguna experiencia", según el sitio del Instituto Geofísico de la Escuela Politécnica Nacional. (Vizuete, 2011)

Hugo Yepes, director del IG, (2011) recalca que en estos procedimientos se observan requerimientos mínimos, que tienen graves consecuencias en el colapso inminente de las estructuras, lo que convierte a un terremoto en una tragedia de gran magnitud. "Estas catástrofes no solo cobran vidas humanas valiosas sino que retrasan el desarrollo durante años del país afectado", apunta.

6. Periodismo digital ciudadano ante los desastres

Una parte importante del análisis de la comunicación durante el terremoto de las provincias de Manabí y Esmeraldas, en abril de 2016, fue el papel que cumplieron las diversas plataformas digitales. En primer término, porque durante el evento, que se sintió casi en todo el país, la energía eléctrica fue interrumpida en varias partes del territorio y, además, porque los medios tradicionales no reaccionaron con la misma velocidad que los medios digitales.

En las primeras horas posteriores al evento telúrico –ante el colapso de las redes tradicionales, a causa del seísmo- la comunicación se produjo principalmente por los mensajes y llamadas en Whatsapp. Además, Facebook, como parte del protocolo en caso de desastres, habilitó la herramienta safety check, que permite que los usuarios puedan informar a sus familiares si están bien. De igual manera fue el uso de etiquetas o "hashtag" en Twitter, con diversas solicitudes que iban desde la búsqueda de personas desaparecidas a una intensa actividad de ayuda que se sucedió en los días posteriores al sismo. En general, hay que anotar que precisamente las plataformas digitales carecen de herramientas para filtrar información y, en muchas ocasiones, puede estar tergiversada.

El periodista y experto en medios digitales, Christian Espinosa, califica este comportamiento como una falta de cultura digital por parte de los usuarios, sumado a una predominancia de las emociones sobre la verificación de los hechos. (Rivera Rogel and Rodríguez Hidalgo, 2016)

De esta manera, los medios tradicionales e incluso las maneras de comunicar, porque en primer término reaccionaron las emisoras radiales, quedaron relegados ante la inmediatez de los servicios digitales.

"Quizás porque no estaban preparados para una emergencia de esta magnitud o quizás por lo difícil de acceder a información oficial de primera mano, puesto que los organismos gubernamentales, de socorro y emergencia tampoco la tenían", (Rivera Rogel and Rodríguez Hidalgo, 2016).

Para entender este fenómeno es preciso analizar los profundos cambios que se han producido en la comunicación. En este sentido, "La revolución digital, de la mano de Internet, ha provocado múltiples cambios en la comunicación social. Hace solo una década los usuarios comunes no jugaban un papel protagónico en el espacio informativo, con la aparición de la Web 2.0 los usuarios adquieren mayores posibilidades de interactuar en la red". (Vidal Fernández, P., Zambrano Barcia y Pérez Martínez, 2016)

Y existe un fenómeno que no se apreciaba antes. Ahora los usuarios pueden generar contenidos, no siempre desde la lógica del periodismo digital, es decir con los mínimos estándares.

"En este sentido, el periodismo digital se auspicia al abrigo del concepto de "Cultura participativa" acuñado por Jenkins en el que informador e informado intercambian conocimientos". (Ruiz, 2013).

Sin embargo, en el caso de los eventos como los terremotos, también pueden ocurrir inconvenientes, en primer término por la saturación de la información y lo que es más importante en que ésta al no estar direccionada o cumplir los protocolos mínimos en caso de desastres puede desvirtuar e incluso ser una dificultad para los organismos de socorro.

En este contexto, para Albertina Navas, experta en redes sociales y comunicación digital, el ciberactivismo tiene su fortaleza en las causas sociales. Entre sus mayores motivaciones se encuentran la recaudación de fondos con un fin social, construcción de comunidad, cabildeo o la convocatoria a protestas. En lo referente al terremoto del pasado 16 de abril de 2016 en Ecuador señaló: "sí, se generó un ciberactivismo en tanto y cuanto se usaron tecnología digitales con el fin de apoyar una causa para promover ayuda o levantar fondos de dinero o víveres para ayudar de manera urgente a los afectados" (Navas, 2017).

Otro aspecto importante que se debe considerar es la preferencia en lo referente al uso de las plataformas. Navas (2017), señala que en el caso de Ecuador el uso de Twitter está ligado a la particularidad entorno al manejo de redes sociales. "En Sudamérica en tema del uso y la penetración del Twitter es muy alta, entonces normalmente tanto opiniones políticas y la opinión ciudadana se crea y se destruye en Twitter" (Navas, 2017).

Sin embargo, Navas considera que más allá del importante aporte de las redes sociales en temas de activación social para causas solidarias como la de apoyar a los damnificados por un terremoto, se debe considerar, con especial atención, que al ser el ciberperiodismo un movimiento ciudadano, sin un liderazgo visible, es necesario, que, en casos tan particulares como un desastre natural, exista un respeto a la institucionalidad.

En relación a los medios de comunicación, la declaración del estado de excepción apunta a canalizar de manera óptima las informaciones en torno al suceso y desde ahí garantizar la seguridad de los ciudadanos, y desestimar falsos rumores y alarmas en redes sociales y medios no oficiales.

Como una muestra de las acciones ciudadanas, está el caso de Karla Morales, quien la misma noche del terremoto de abril de 2016 colocó un tuit en el que indicaba que saldría desde la ciudad de Guayaquil, más al sur del evento, con ayuda para las víctimas, por lo que solicitaba directamente la colaboración de la ciudadanía. Se localizó, en los días posteriores, en las poblaciones de San Vicente y Canoa, en Manabí, donde consiguió coordinar la llegada de 28 camiones con vituallas y ayuda para estos casos, además de –junto con un equipo de médicos y asistentes- realizar más de 4.000 chequeos médicos. Se calcula que la cadena de solidaridad podría alcanzar entre los 5 a 6 millones de dólares.

Sin embargo, esta ayuda no podría entenderse sin conocer que Karla Morales maneja una fundación y es una activista de diversas causas en Ecuador.

Según reporta el diario El Universo: "25 miembros fijos de Kahre, la ONG que desarrolla y respalda iniciativas de asistencia humanitaria que la activista de derechos humanos Karla Morales creó en 2014, y casi 300 voluntarios que con esta colaboran, han gestionado más de 200 viajes terrestres con donaciones para atender a casi todo Manabí". (El Universo, 2016)

"...Había mucha desconfianza en el proceso de repartición y entrega, ahí fue que seguí usando Twitter como un mecanismo de transparencia para que la gente vea que se estaba entregando lo que estaba llevando, sobre todo porque era su esfuerzo el que estaba regalando", sostiene Morales. (El Universo, 2016)

Sin embargo, las acciones de la activista Karla Morales también fueron foco de críticas por parte de personajes vinculados al Gobierno Nacional, principalmente por la falta de coordinación con los organismos de socorro institucionales.

De allí que, como se anota, la importancia de las redes sociales en la situación de desastres es vital, pero también tienen sus límites porque al tratarse de situaciones altamente proclives, no solamente al pánico, sino que se requiere de personal especializado, pueden también detonar eventos impredecibles.

7. Conclusiones

Ecuador, como muchos países de la región, pese a encontrarse en el vulnerable Cinturón de Fuego del Pacífico, y estar constantemente amenazado por eventos sísmicos, además de los volcánicos, no cuenta con una proyección para enfrentar las secuelas, como ocurrió tras el devastador terremoto del 16 de abril de 2016, con una escala de Richter de 7.8, ocurrido en las provincias costeras de Manabí y Esmeraldas.

Aunque hay que anotar la oportuna intervención de la institucionalidad del Estado, la contribución tributaria de sus ciudadanos, la solidaridad y socorro a las víctimas, la falta de prevención se evidenció en los controles a la infraestructura de las edificaciones. Las casas mal construidas son las responsables directas de los fallecidos, que pudieron evitarse.

Las lecciones aprendidas fueron varias: al menos en la zona hay, ahora sí, rigurosos controles en temas arquitectónicos, pero –en general- tras el paso del evento nuevamente las alertas parecerían estar apagadas. Y esto también implica acciones en el campo de la comunicación, como las nuevas plataformas digitales que, sin la adecuada alfabetización informática, pueden hacer que las emociones sean más altas que los hechos. El otro punto está precisamente en el voluntariado, que apelando a las herramientas digitales, realizan –a veces desde el activismo político- una labor que debería cumplir protocolos para no entorpecer la labor institucional.

Sin embargo, hay puntos a favor, como la prevención realizada en torno al volcán Cotopaxi, sin esto no se podría entender la rápida acción de los organismos de socorro. El otro punto, está en una red vial, una de las mejores de América Latina, así como una centralidad en la información, para que algunos medios tradicionales no provoquen el pánico.

La tarea, aprender de otras experiencias, como la de Japón, no solamente en protocolos sino, de manera especial, en construir con la ciudadanía una cultura de la situación de vulnerabilidad. Y eso, es una tarea que hay que hacerlo de manera urgente y empezando con los niños de Ecuador y con políticas estatales de largo aliento.

8. Bibliografía

- Andrade, D., Hall, M., Mothes, P., Troncoso, L., Eissen, J., Samaniego, P., Egred, J., Ramón, P., Rivero, D. and Yépes, H. (2005). Los peligros volcánicos asociados con el Cotopaxi. 1. Quito: Corporación Editora Nacional.

- Avril, H. (2015). Preparándose para la erupción del volcán Cotopaxi - European Civil Protection and Humanitarian Aid Operations - European Commission. European Civil Protection and Humanitarian Aid Operations [en línea]. [Consulta: 6 abril 2017]. Disponible en: http://ec.europa.eu/echo/blog/prepar-ndose-para-la-erupci-n-del-volc-n-cotopaxi_en.

- Cnn, E. (2017). A un año de la tragedia que sacudió Ecuador: ¿qué ha pasado desde el terremoto?. CNNEspañol.com [en línea]. [Consulta: 26 mayo 2017]. Disponible en: http://cnnespanol.cnn.com/2017/04/13/a-un-ano-de-la-tragedia-que-sacudio-a-ecuador-que-ha-pasado-desde-el-terremoto/.

- Coello, C. (2017). Un año después del terremoto, ¿Ecuador ha mejorado su estrategia para atender desastres?. Redaccionmedica.ec [en línea]. [Consulta: 26 abril 2017]. Disponible en: http://www.redaccionmedica.ec/secciones/salud-publica/salud-

debe-mejorar-pero-tiene-capacidad-de-respuesta-en-caso-de-
desastres-90014.

- Comité para la reconstrucción y reactivación productiva 2016. Informe trimestral de gestión (mayo-agosto 2016). Manabí.

- COTOPAXI - Instituto Geofísico - EPN. Igepn.edu.ec [en línea] 2017.

- EL COMERCIO (2014). Ecuador está asentado sobre tres sistemas de fallas geológicas. [en línea]. 2014. [Consulta: 5 abril 2017]. Disponible en: http://www.elcomercio.com/actualidad/ecuador-asentado-tres-sistemas-fallas-1.html.

- EL COMERCIO (2016). El terremoto de Ecuador tuvo intensidades de 8 y 9 en escala europea. [en línea]. 2016. [Consulta: 26 mayo 2017]. Disponible en: http://www.elcomercio.com/actualidad/terremoto-sismo-ecuador-intensidad-escalaeuropa.html.

- EL TELÉGRAFO (2016). Cifras oficiales tras Terremoto Ecuador. [en línea]. 2016. [Consulta: 19 mayo 2017]. Disponible en: http://www.eltelegrafo.com.ec/especiales/2016/Lista-de-fallecidos-por-terremoto-en-Ecuador/.

- EL UNIVERSO (2015). El Cotopaxi se ha vuelto el volcán en erupción más vigilado de Sudamérica. [en línea]. 2015. [Consulta: 10 abril 2017]. Disponible en: http://www.eluniverso.com/noticias/2015/11/16/nota/5245503/cotopaxi-se-ha-vuelto-volcan-erupcion-mas-vigilado-sudamerica.

- EL UNIVERSO (2016). Terremoto en Ecuador del 16 de abril ha desencadenado 1.896 réplicas. [en línea]. 2016. [Consulta: 18 mayo 2017]. Disponible en: http://www.eluniverso.com/noticias/2016/06/16/nota/5638848/terremoto-16-abril-ha-desencadenado-1896-replicas-dos-meses.

- EL UNIVERSO (2016). Sismos más potentes que han afectado Ecuador. [en línea]. 2016. [Consulta: 17 mayo 2017]. Disponible en: http://www.eluniverso.com/noticias/2016/04/17/nota/5531580/sismos-mas-potentes-que-han-afectado-ecuador.

- MORALES MEJÍA, J., (2017). Terremotos Ecuador. En persona. 2017. Universidad Técnica del Norte: s.n.

- LABOYANOS (2016). ¿Colombia está lista para un terremoto como el de Ecuador?. [en línea]. 2016. [Consulta: 28 abril 2017]. Disponible en: http://www.laboyanos.com/2016/04/colombia-esta-lista-para-un-terremoto.html.

- LA HORA (2015). Cotopaxi: continúa la preparación de los moradores en las zonas de influencia. [en línea]. 2015. [Consulta: 26 abril 2017]. Disponible en: https://lahora.com.ec/noticia/1101855971/cotopaxi-continc3baa-la-preparacic3b3n-de-los-moradores-en-las-zonas-de-influencia.

- LÓPEZ SÁNCHEZ, G. (2015). ¿Por qué se producen los terremotos?. ABC[en línea]. [Consulta: 1 mayo 2017]. Disponible en: http://www.abc.es/ciencia/20150223/abci-causa-terremotos-201502232012.html.

- NAVAS, ALBERTINA, (2017), Ciberactivismo en casos de desastres naturales. [En persona]. 2017. Ibarra.

- RUIZ, Encarna. El periodismo digital: la revolución de los contenidos. (2013).

- Simulacro nacional por posible erupción del volcán Cotopaxi contó con la participación de varias entidades gubernamentales. Ministeriointerior.gob.ec [en línea] (2015).

- TARBUCK, EDWARD J and LUTGENS, FREDERICK K, 2011, Ciencias de la tierra. 8. Madrid [etc.] : Pearson Prentice Hall.

- VIZUETE, V. (2011). La informalidad en la construcción es el mayor riesgo en un terremoto - Instituto Geofísico - EPN. Igepn.edu.ec [en línea]. [Consulta: 28 mayo 2017]. Disponible en: http://www.igepn.edu.ec/index.php/cotopaxi/381.html.

- WHYMPER, E. (1994). Viajes a través de los majestuosos Andes del ecuador. 2. Quito: Ediciones Abya-Yala.

CAPÍTULO II

EL ESPACIO INACCESIBLE Y LA CONSTRUCCIÓN DE LA NOTICIA DESDE EL FUERA DE CAMPO. LOS DESASTRES NUCLEARES DE CHERNOBYL Y FUKUSHIMA.

Basilio Cantalapiedra Nieto
Universidad de Burgos

1. Introducción

Lo nuclear se erige como uno de los temas más conflictivos en un mundo globalizado, concienciado sobre el uso de la energía y preocupado por el futuro del medio ambiente. Por ello los incidentes que tienen lugar en relación con esta fuente energética deben ser especialmente tratados, analizados y difundidos por los medios de comunicación. Pero, teniendo en cuenta el cuarto de siglo transcurrido entre dos de los hitos catastróficos más importantes en este campo, Chernobyl y Fukushima, ¿ha variado la manera por la que son comunicados y representados audiovisualmente?

La simple mención de cualquiera de ambos términos toponímicos evoca en la población la sensación de riesgo e inseguridad unida al concepto de lo nuclear, aludiendo a espacios geográficos previamente inexistentes para el imaginario popular mundial, e irónicamente a reductos físicos convertidos posteriormente en territorios prohibidos o tabúes, precisamente por la invisible radiactividad latente.

El grado de conocimiento del riesgo real de los efectos de estos accidentes también ha provocado una distinta forma de afrontar, tanto los trabajos para paliar la incidencia de la catástrofe, como para comunicarla y relatarla a la población local y mundial. Por ello el trabajo de los profesionales de la captura de la imagen es tan importante por un lado, para intentar contar la verdad (término rebatible por el control de la información sobre estos incidentes), como para fijar la imagen de la catástrofe sobre el propio terreno y con inmediatez.

Pero, ¿qué imagen puede trasladarse de catástrofes que se fundamentan en la invisibilidad de sus causas? Esta cuestión se analizará en este trabajo a través de contenidos audiovisuales generados para relatar dos accidentes distantes veinticinco años entre si. La búsqueda de una imagen icónica choca con la dificultad, no sólo de captar la instantánea del momento exacto del accidente, sino con la de tener que afrontar los profesionales unos riesgos físicos reales por deber penetrar en una zona latentemente peligrosa. El acceso a dicha zona de exclusión provocó el sufrido aprendizaje obligado de los primeros periodistas de la extinta Unión Soviética que, en la inocencia forzada de su época, no conocían o debían asumir riesgos extraordinarios durante las fases de los trabajos tendentes a paliar los efectos del accidente de Chernobyl, acompañando en su tarea a los liquidadores.

El accidente de la central nuclear de Chernobyl tuvo lugar el 26 de abril de 1986, a unos 150 kilómetros de la capital ucraniana Kiev, cuando esta pertenecía aún a la URSS. El segundo incidente transcurrió en la japonesa prefectura de Fukushima, a 280 kilómetros de Tokio, el 11 de marzo de 2011, con el foco principal en la central de Daiichi 1. Los accidentes en las centrales nucleares son la manifestación visible del temor que genera este tipo de energía, siendo Chernobyl y Fukushima las más graves, pasando a formar parte del imaginario popular sobre sus riesgos, primordialmente la primera. Ambas alcanzaron el nivel 7, el máximo posible, en la Escala Internacional de Eventos Nucleares (INES), a pesar de las reticencias institucionales para categorizar el incidente de Fukushima con su verdadero nivel de importancia. Ya en 1979, el 28 de marzo, se produjo un accidente de extrema gravedad en la central norteamericana de Three Mile Island, sita en Pensylvania, aunque solo alcanzó el nivel 5 en la escala INES. Este golpe a la energía nuclear coincidió además con el largometraje *El síndrome de China* (James Bridges, 1979), estrenado doce días antes, que se anticipa a la realidad al plantear la posibilidad de un accidente provocado por la fusión del núcleo, situación que da título a la película. En ella unos periodistas televisivos se ven inmersos en un accidente que pone en peligro a la poblada ciudad de Los Ángeles. La misma anticipación a los efectos nocivos sobre una zona de exclusión fue planteada por el soviético Andrei Tarkovski en su film *Stalker* (1979), aunque lo nuclear como causa del nacimiento de esta zona prohibida queda intencionadamente ambiguo. Pero es reseñable que ambos metrajes de ficción surgieron el mismo año en los dos grandes frentes político-militares de la época, la URSS y EEUU, denotando la preocupación ya existente por el tema.

La representación audiovisual delos siniestros ucraniano y japonés se ha articulado esencialmente desde la visión documental, aunque con alguna incursión en la ficción como *Atrapados en Chernobyl* (Brad Parker, 2012), que aprovecha el auge de películas como *Cloverfield* (Matt Reeves, 2008) o *Diary of the Dead* (George A.Romero, 2007) basadas en metraje encontrado y en la idea de falso documental, así como el tirón en la audiencia de productos televisivos basados en el fenómeno zombi como *The Walking Dead* (2010).

Dentro del proceso de creación de la noticia audiovisual hay un elemento que distingue a este tipo de catástrofes, la peligrosa proximidad al lugar del incidente cuando lo que se busca es reflejar un enemigo invisible, la radiactividad, causa del surgimiento de una zona de exclusión delimitada con fronteras. Hay que salvarla desde el exterior o accediendo a la misma aceptando riesgos de los que no necesariamente se conoce o asume su gravedad. Es decir, surge un espacio físico que queda fuera del campo de acción de los creadores de contenidos, obligando al establecimiento de un modelo de trabajo adaptado a tener que convertir en protagonista tanto un área restringida para el desarrollo de una actividad humana normal, como un recinto, la central, al que incluso físicamente no puede accederse al permanecer encerrado bajo la estructura de un sarcófago que lo esconde al resto del mundo como en Chernobyl. La técnica audiovisual del fuera de campo, muta en este caso al no ser tan solo una estrategia para construir el relato, sino un problema a resolver por el peligro e imposibilidad reales de acceder a las localizaciones en las que se produjeron los acontecimientos por mantenerse fuera del campo de la vida social. Por ello en varios documentales, el protagonismo recae en los creadores de la imagen como víctimas adicionales al perseguir la noticia en el lugar donde se produjo.

El tiempo es otro elemento de vital importancia, tanto el momento en el que se produce el accidente, el periodo durante el que se desarrolla, y el tiempo en el que la radiactividad permanece latente en la zona geográfica de exclusión. Así el lapso transcurrido entre la jornada en la que sucede el accidente y el momento en el que se producen los documentales los convierte en contenidos de época o históricos, a pesar de la cercanía de una de las catástrofes.

No es el propósito de este trabajo el de establecer un debate acerca de la idoneidad o no de este tipo de energía, sino el de analizar el cómo se han representado y contado a la población accidentes tan importantes como los acaecidos en Chernobyl y Fukushima, inquiriendo en los aspectos que han sido comúnmente reflejados, así como la manera cómo lo han sido.

2. Desarrollo

Los espectadores contemplan los imaginarios acontecimientos vividos por unos personajes físicamente inexistentes que, sin embargo, se inscriben en un espacio concreto definido como espacio fílmico. Los caracteres del mismo dentro del marco de la pantalla no varían, independientemente de que el contenido sea ficción o documental. Junto al espacio virtual o imaginario presente en la pantalla, en todo contenido audiovisual coexisten otros espacios tangibles. En el rodaje el espacio físico se convierte en marco en el que se instala la maquinaria necesaria para el desarrollo del trabajo. Los planos rodados se sustanciarán como ladrillos con los que se edificará el montaje final, y mediante la unión de dichos planos, independientemente de su localización de origen, se construirá un espacio imaginario que los espectadores aceptarán como real, reaccionando ante las imágenes "como ante la representación realista de un espacio imaginario que nos parece percibir" (Aumont et al., 1989, p.21).

El espacio geográfico comprende a la superficie terrestre, pudiendo acotarse a la *oikuméne* de los antiguos pensadores, el espacio habitable en el que "las condiciones naturales permiten la organización de la vida en sociedad" (Dollfus, 1990, p.7), desarrollándose en él la vida y relaciones humanas, incluyendo la actividad audiovisual que haya su lugar tanto en el ámbito natural como en el propio de las sociedades. Las zonas de exclusión, restringidas por inhabitables y por la imposibilidad de producirse en ellas un marco social estable perderían, según esta definición, su carácter de espacio geográfico. Pero sin embargo, estos lugares siguen existiendo definidos por la invisible radiactividad fugada de los reactores accidentados. Y por ello, estas zonas son potenciales protagonistas del reflejo audiovisual de las catástrofes producidas en Chernobyl y Fukushima.

Los caracteres del espacio geográfico en el que se realiza la grabación audiovisual, definen la manera en la que esta se hace. El metraje puede buscar trasladar con la mayor literalidad visual posible el paisaje en el que trabaja, para dotar de una información completa y fidedigna al espectador, permitiéndole ubicarse en el mismo durante el visionado, o por otro lado, quebrar los caracteres de la geografía en que se rodó, construyendo un nuevo espacio imaginario creado en edición mediante la yuxtaposición de planos procedentes de espacios físicos muy diversos, que nacerá como verídico para el espectador. Este es el caso habitual de los contenidos históricos, en los que la contemporaneidad del rodaje persigue recrear el espacio del pasado ocultando las marcas del presente.

Los documentales realizados sobre los accidentes de Chernobyl y Fukushima afrontan el problema técnico de cómo contar los sucesos desde una perspectiva de género histórico, reconstruyendo lo acaecido. Cubren la elipsis temporal, mientras deben recuperar el espacio de los acontecimientos, desde una posición externa, fuera del campo físico en el que transcurrieron. Esta área geográfica, incluye la idea de frontera, inseparable a la misma, pudiendo presentar diversos grados de determinación que van desde el límite lineal a la zona límite, con sus posibles franjas de degradación (Sorre,1967). En el caso que ocupa a este trabajo pueden delimitarse tres franjas, la correspondiente al interior de la central, oculta por la edificación, segunda franja a definir audiovisualmente. A ellas se añade una tercera coincidente con la zona de exclusión radiactiva dictaminada por las autoridades.

Los metrajes realizados sobre los accidentes nucleares, persiguen rellenar los huecos informativos existentes sobre las catástrofes, completando lo contado por los medios de comunicación, construyendo sendos espacios mediatizados en el sentido propuesto por Gámir Orueta (2012). Cuando el audiovisual reproduce el espacio geográfico ayuda a vencer al espacio físico facultando a que el espectador se transporte instantáneamente por la geografía del mundo (Zubiaur, 2005), incluso por ámbitos peligrosos o prohibidos. Como para poder aprehender íntegramente el espacio representado por la imagen fílmica, en este caso las zonas de exclusión y las propias centrales, el espectador debería situarse fuera de él, casi sobrevolándolo para poder dominarlo (Mitry 2002), el audiovisual opera segregando el espacio en un campo espacial distinto gracias al cuadro que actúa como frontera y definidor de su propio contenido respecto del perteneciente al espectador.

En el cortometraje animado *Duck and Cover* (Anthony Rizzo, 1952), promovido con intención educativa por *la Federal Civil Defense Administration*, se adiestra a la población infantil norteamericana, para que sean capaces de protegerse ante una posible explosión nuclear. Lo protagoniza una simpática tortuga, Bert, que ejemplifica metafóricamente la idea de este film. La solución propuesta consiste en agacharse y cubrirse como hace el reptil en su caparazón. Durante la guerra fría, y por el temor a un ataque nuclear soviético, la población norteamericana está preocupada. En cualquier caso, la supuesta protección propone medidas inocentes y alejadas de la realidad. Afortunadamente las sociedades maduran con el paso de las décadas adquiriendo una mirada más crítica a cuestiones complejas como la energía nuclear. Por ello cuando se pasó a la cruda realidad con accidentes como el sucedido en la central de Chernobyl en 1986 o en Fukushima en 2011, la visión audiovisual del problema obligadamente adquiere caracteres más certeros y serios, aunque irónicamente el caparazón de Bert anticipe la construcción del sarcófago de la central ucraniana como método de defensa u ocultamiento del problema aún latente.

Cualquier noticia con un impacto global es recogida en primera instancia por los medios de comunicación, viéndose multiplicada su difusión a partir de las imágenes originales del suceso y de contenidos más o menos reelaborados. Así un suceso que ha devenido en histórico por su importancia como el accidente de Chernobyl ha sido abundantemente tratado durante las décadas siguientes. Similar camino ha seguido el suceso de Fukushima, pero con una diferencia fundamental, la eclosión audiovisual del segundo ocurre desde el momento inmediato en que se produce el accidente. Si se realiza una búsqueda de los audiovisuales que incluyan los términos Chernobyl y Fukushima hallamos que en la plataforma profesional IMDB, en el primer trimestre de 2017 surgen respectivamente 120 y 161 resultados. En la plataforma Youtube, que no distingue el matiz profesional del aficionado, e incluye materiales reelaborados a partir de otros, se detecta que de nuevo el accidente de Fukushima ha sido utilizado más habitualmente, a pesar de ser un evento 25 años más reciente (1.110.000 resultados frente a 904.000 con el vocablo Chernobyl). El incremento actual de las posibilidades técnicas de grabación y distribución de las imágenes parece justificarlo. Los productos generados con la intención de reflejar los incidentes acaecidos en ambas centrales lo hacen desde una cierta distancia temporal, progresivamente mayor en el caso ucraniano y de manera similar en el caso japonés, aunque el hecho haya sucedido en pleno siglo XXI.

La selección de los documentales analizados en este trabajo ha seguido el criterio de centrarse en los generados desde el ámbito profesional con el fin de reconstruir los accidentes, delimitando aquellos que incluyen como protagonistas a los periodistas que optaron por asumir el riesgo de capturar las imágenes sobre el terreno. Los materiales sobre el accidente ucraniano analizados han sido: *Segundos catastróficos: La tragedia de Chernobyl* (Maninderpal Sahota, 2004), episodio 7 de la primera temporada de la serie producida por National Geographic, *Hora Cero: El desastre de Chernobyl* (Renny Bartlett, 2004), *Días que marcaron al mundo: La ruptura del átomo y Chernobyl* (Paul Murton, 2003) de la BBC, *El desastre de Chernobyl* (Thomas Johnson, 2006) de Discovery y *Chernobyl, el ladrón invisible* (Christoph Boekel, 2006). En cuanto a la catástrofe nipona se ha trabajado con Segundos catastróficos: Fukushima (Steve Webb, 2012), episodio número 4 de la quinta temporada de la misma serie mencionada anteriormente, *Fukushima, desastre nuclear* (Miles o´Brien, 2015) y *Fukushima, una historia nuclear* (Matteo Gagliardi, 2015). También se hará referencia en este trabajo a dos productos de ficción. Atrapados en *Chernobyl* (Brad Parker, 2012) aprovecha el tema de la central nuclear de Chernobyl y la cercana ciudad de Pripyat, así como un film premonitorio en cuanto al surgimiento de una zona prohibida en territorio soviético, *Stalker* (Andrei Tarkovski, 1979). Aunque el origen de la misma en la ficción sea la caída de un meteorito, en este film los stalkers dedican su labor a guiar y mostrar el terreno tabú a quienes quieren aventurarse en su interior, oculto al resto de la sociedad soviética.

Como el *stalker* que protagoniza la película de Tarkovski, los periodistas y camarógrafos hacen arriesgadas incursiones en los territorios accidentados, tanto en Chernobyl como en Japón. Tres productos articulan su discurso en torno al relato de los testimonios y vivencias de los periodistas, que de meros observadores y comunicadores de la noticia catastrófica, pasan a convertirse en protagonistas. Estos films *son El desastre de Chernobyl* y *Chernobyl, el ladrón invisible en el caso ucraniano*, mientras el accidente japonés es tratado en *Fukushima, una historia nuclear*. Tres creadores de imágenes no anónimos son los protagonistas. Igor Kostin y el propio director del film en los dos primeros casos, y el periodista italiano Pio D´Emilia en el segundo.

Cuando la noche del 26 de abril de 1986 el reportero gráfico de la agencia de prensa Novosti, Igor Kostin, recibió una llamada telefónica de piloto de helicóptero, que le anunciaba un incendio en la central nuclear de Chernobyl, proponiendo acompañarle para fotografiarlo, no sabía que su vida iba a cambiar. Al sobrevolar el destruido reactor abrió la ventanilla para evitar los reflejos, siguiendo su modo profesional de actuar. Sacó una foto mientras sintió en sus propias palabras como "una gran bocanada de aire caliente llena la cabina del helicóptero. Al momento, me entran ganas de rascar el fondo de mi garganta. Es una sensación nueva y extraña" (Kostin, 2011, p.9). Mientras tragaba dificultosamente la saliva, atribuyó la alta temperatura y los efectos en su cuerpo a la toxicidad de los vapores del incendio. Tras disparar apenas veinte fotos el mecanismo de la cámara se le paralizó. Tardó en comprender, incluso cuando únicamente la primera imagen se materializó en el laboratorio, que lo había sufrido era el ataque de la invisible radiactividad. Sus vivencias durante los primeros días y mientras decidió acompañar e inmortalizar los trabajos de los liquidadores durante las semanas siguientes es lo que usa como eje el documental *El desastre de Chernobyl.*

Otro periodista, el italiano Pio D´Emilia, que trabajaba en Japón, sufre en la capital los primeros momentos de caos provocados por el terremoto de 9.1 grados en la Escala de Richter. Su instinto profesional le lleva a grabar con su cámara los efectos inmediatos del seísmo en la ciudad. Pero es también su responsabilidad periodística la que le conduce a asumir el riesgo de dirigirse a la central de Fukushima, cuando conoce el problema. Su prioridad es comunicar la noticia y las imágenes de la misma, con el añadido de que la experiencia previa permite conocer el peligro real de la radiactividad. La evolución de la industria de los medios de comunicación de masas, desde un modelo homogéneo atado a la televisión y radio nacionales, incluso controladas por el estado como en el caso de la época del accidente soviético, a un sistema con medios mucho más diversos, capaces de combinar la difusión general con la particular (Castells, 2010) se muestra en la evolución de las posibilidades y actitudes que tienen Kostin y D´Emilia ante los accidentes que osan cubrir periodísticamente.

El tercer ejemplo es el protagonizado por el cineasta Christoph Boekel en *Chernobyl, el ladrón invisible* que es un caso más reflexivo. El director entrevista a uno de los liquidadores que limpió la zona radiactiva, el artista Dimitri Gutin, y acompañándole hasta informarnos de su muerte. Pero el espejo del entrevistado es el marco idóneo para que el autor relate las dudas acerca de su responsabilidad en la muerte por cáncer de su esposa, por decidir realizar en 1987 un documental en el que ella participó por la zona que, a partir del accidente de Chernobyl, se convirtió en prohibida y afectada por la radiactividad. En este audiovisual se narran dos historias personales paralelas, la de Gutin y la del propio autor con sus compañeros y esposa en la grabación del documental en la peligrosa zona, afectados directamente por la radiactividad de Chernobyl, definido como el ladrón invisible. De esta manera la posición del realizador se inscribe dentro del metraje mediante el procedimiento de la auto-representación (Doelker, 1982), aplicada en este caso a acontecimientos propios del pasado al utilizarse materiales fílmicos, cercanos al concepto de metraje encontrado, procedentes de lo rodado en 1987 por el propio autor con el fin de contar otra narración familiar distinta. El trasfondo y motivo de sus historias personales es la descripción de los efectos de la catástrofe nuclear.

Los tres creadores de imágenes ponen en valor su responsabilidad profesional al buscar la captación de la verdad de la catástrofe para comunicarla a la sociedad. Salvan las restricciones propias de los productos industriales de la cultura de masas destinados a públicos muy amplios (Gubern, 1974) al incluir sus acciones dentro de un discurso más amplio sobre los accidentes nucleares, dirigido a un espectador global.

Centrándonos en el mero relato de los accidentes, los documentales analizados siguen una estrategia común. Parten de la fecha en que se produce el accidente como punto inicial del relato para diseccionar los acontecimientos y cadenas de decisiones producidas durante los hechos. Partiendo del momento del accidente como detonante, se dibuja una línea temporal del relato por la que se definen los instantes previos de normalidad, tanto en las centrales como en sus zonas de influencia inmediata y los antecedentes del hecho. Incluso en uno de los productos analizados, *Días que marcaron al mundo: La ruptura del átomo y Chernobyl* se procede a la reconstrucción dramática de los trabajos científicos que llevó a cabo el físico italiano Enrico Fermi en las instalaciones de la universidad de Chicago, dentro del ámbito del Proyecto Manhattan. Su equipo investigaba la manera por la que trabajar con el uranio en lo que fue el primer reactor, alcanzando su propósito el 2 de diciembre de 1942 al producir la primera reacción en cadena que demostraba el potencial que la fisión nuclear podría tener para generar grandes cantidades de energía (Aczel, 2012). La botella de Chianti que descorcharon para celebrar su éxito, actúa como atrezo-bisagra dentro del guion de este documental al servir para cerrar la reconstrucción dramática sobre el origen histórico de la energía nuclear antes de pasar a una segunda parte que muestra sus riesgos mediante el accidente de Chernobyl. La forma de salvar el lapso temporal existente como elipsis a cubrir en el audiovisual de época, es acudiendo a las técnicas propias de la ficción mediante actores que interpretan a los protagonistas reales de los hechos, apoyándose en el uso del blanco y negro para ambientar la imagen en un tiempo pasado. De igual forma, se accede al interior del espacio del primer reactor nuclear a través del trabajo de decoración que resucita la sala de la Universidad de Chicago, cubriendo un espacio situado fuera de campo por inexistente en la actualidad, en una estrategia similar a la que van a seguirse en el resto de los audiovisuales estudiados. Es decir, la ficción es utilizada para narrar la historia real desde un punto de vista documental. El principio de la reconstrucción resulta ser el más transparente, aunque sea el más difícil y exigente ya que apuesta por un objeto que ya no existe (Doelker, 1982).

Este tramo de la narración se apoya también en el uso de imágenes de archivo, tanto películas como fotografías, en las que se identifican a protagonistas como el propio Fermi o Einstein. Estas imágenes apoyan la veracidad del discurso uniendo a los personajes con los actores. Aunque lo esencial en un documental es el *estar allí*, registrando lo que ocurre en tiempo presente, cuando se utiliza material de archivo procedente del pasado, se legitima históricamente a la ficción y a la no ficción al producir un efecto de verosimilitud, incluso a pesar de que lo rodado en el pasado lo haya sido con una intencionalidad distinta a la buscada en el nuevo metraje (Weinrichter, 2005).

Los materiales de archivo vuelven a ser utilizados en otros productos analizados con diversos motivos y orígenes, recuperando imágenes capturadas inmediatamente después de los accidentes, en cuanto los primeros profesionales llegan al lugar de la catástrofe. Una segunda fase del accidente también es relatada gracias al archivo, aquella que se corresponde con los trabajos de recuperación y limpieza, por ejemplo los efectuados por los liquidadores en Chernobyl, o por los cincuenta de Fukushima peleando para evitar una catástrofe mayor. La innovación tecnológica y el surgimiento del rol prosumidor permiten obtener imágenes de la ola del tsunami que impactó contra Daiichi 1, grabadas y fotografiadas por trabajadores de la central. Así pudo dejarse constancia de una de las causas del accidente. Estos materiales fueron la información visual directa de la población mundial en las fechas siguientes a ambos accidentes, como fuente de los informativos mundiales, pero en los productos posteriores se convierten en material de archivo que valida lo que en los documentales se cuenta. Existe otro tipo de contenido en el caso de Chernobyl, unas imágenes rodadas en la activa ciudad de Pripyat por Mikhail Nazarenko en abril de 1986, poco antes del suceso, en las que se muestra la alegre vida de una urbe que apenas días después se convirtió en una ciudad fantasma. Estos planos actúan como un puñetazo demoledor en el espectador mostrando todo lo que Chernobyl robó a los habitantes de Pripyat. De lo nostálgico del material de archivo se discurre a un tono absolutamente pesimista sobre lo sucedido, mediante la inserción de las imágenes reales de Pripyat e incluso las informativas que muestran los autobuses evacuando con rapidez a sus habitantes. Una prisa que provocó el abandono de todos sus recuerdos personales para no recuperarlos nunca.

Esta situación es aprovechada en dos de los proyectos para entrevistar a sendas mujeres y reintegrarlas por vez primera al territorio de su niñez, muchos años después. En ambos casos se trabaja de la misma forma, mediante entrevistas en los espacios de sus vidas presentes para, al final del metraje, trasladarlas a la abandonada ciudad de Pripyat, reforzando la idea de tristeza que acarrean estos proyectos, mostrando un tiempo perdido y pasado, en un espacio momificado y no recuperable, con sendas mujeres paseando lentamente en solitario en el territorio de su niñez.

De nuevo el testimonio de la experiencia de los entrevistados, mirando a cámara legitiman el audiovisual (Weinrichter, 2005). Pero también son entrevistados los máximos mandatarios políticos de la URSS y de Japón, Mijail Gorbachov y Naoto Kan, quienes tuvieron que gestionar las crisis. El análisis de la responsabilidad de su actuación se completa mediante el relato de las personas afectadas por la radiactividad y la gestión de los accidentes, los técnicos que atendieron los primeros momentos críticos (en algunos proyectos interpretados por actores) y el testimonio a cámara mediante las entrevistas a los dirigentes. Se busca incrementar la verosimilitud insertando cortes de las ruedas de prensa y las comunicaciones televisadas de los políticos, estimulando a los espectadores, ya que la proliferación de imágenes televisivas ha incentivado el sentido crítico de los mismos constatando que "en muchos casos, los televidentes son capaces de detectar las mentiras o las omisiones de los locutores" (Sorlin, 2005, p.33).

La figura de autoridad opera como otro eje paralelo que conduce el relato a dos niveles. Uno mostrando la forma en que se gestionaron en primera instancia los accidentes por los técnicos de las centrales y un segundo en el que se incide en la resolución de los efectos del accidente y en la información sobre su desarrollo. En el primer caso, aunque se muestran entrevistas a los técnicos y militares supervivientes, se deposita en la interpretación de los actores el desarrollo de la acción. En uno de los metrajes, *Fukushima, una historia nuclear*, se emplea el método de la animación mediante personajes con la estética del cómic manga, para reconstruir el desarrollo de las acciones en el interior del reactor y sala de control. Así los responsables y técnicos se convierten en personajes animados, incluso el dirigente político japonés. La gestión de la información desde los organismos gubernamentales es otro de los temas tratados con dos perspectivas diferentes. Respecto de Chernobyl, la ocultación de la verdad y manejo de los datos desde el gobierno soviético, cercano a cambiar con la Perestroika. En el caso nipón incidiendo en la tensa relación entre el gobierno y los dirigentes de la empresa TEPCO, propietaria de la central.

Las centrales de Chernobyl y Fukushima son edificaciones industriales que no cuentan con una morfología característica que haya perdurado como imagen icónica de sus catástrofes. Si la televisión ha conseguido Springfield, ciudad donde transcurre la serie Los Simpson, sea identificable gracias a las dos torres de refrigeración que enmarcan la central en la que trabaja el protagonista, en el caso de los incidentes acaecidos en las centrales reales no ocurre lo mismo. La ausencia de esa imagen que remita de manera inmediata a cada accidente, obliga a la conversión de la localización de la central en un decorado que debe trabajarse como un personaje, caracterizándolo para que pueda vertebrar el relato. Para ello se precisa la disección de la estructura física del edificio industrial. En ambos casos se divide el espacio físico en el exterior real de las centrales, como plano de recurso que ubica la acción, completado con el interior, centrado en dos puntos, el reactor como elemento germinal del incidente al que se une la sala de control desde la que intentan solucionar los problemas. Esta estructura se repite en los documentales analizados. Pero a esto hay que añadir dos áreas que se erigen como fundamentales para la comprensión global de los incidentes. En el caso de la central ucraniana, la cercana ciudad de Pripyat ejemplifica el antes y el después del suceso. Esta localidad fue creada para alimentar de trabajadores a la cercana central, estableciendo a sus familias en la vida diaria de Pripyat. El antes y el después de la ciudad muestra metafórica y realmente los efectos de la radiactividad latente. La vida previa es mostrada gracias a las imágenes de archivo mencionadas anteriormente y a la reconstrucción, ficcionada por actores, de relaciones interpersonales. El contraste entre la alegría previa y la desnudez y abandono posterior de la ciudad, fantasma por inhabitable, denota la dureza de los efectos de la debacle nuclear. El contraste del paseo por las vacías calles, observando los envejecidos objetos personales abandonados en los antiguos edificios, es utilizado para cerrar la narración con un tono pesimista. En uno de los metrajes además se sitúa a una de las antiguas habitantes junto a la icónica noria de lo que iba a ser el parque de atracciones local. Porque si hay un elemento físico que identifica el efecto devastador del accidente ucraniano sobre la población es la inerte noria de la ciudad fantasma de Pripyat. El estatismo forzado de una maquinaria, por naturaleza móvil como una noria, del juego de la infancia, refuerza la idea cruda de lo que provocó el accidente de Chernobyl en esta ciudad próxima, y por extensión en el mundo entero, reforzando la crítica sobre la gestión de la catástrofe. La noria vuelve a encarnarse en uno de los decorados de la ficción *Atrapados en Chernobyl*, rodada fuera de la localización real, reconstruyendo la atracción para facilitar la identificación de los decorados por los espectadores, con la reconocida ciudad fantasma. Una pérdida de la inocencia nuclear que se ejemplifica en el regreso de las víctimas.

El otro espacio que acompaña a la representación del accidente de Fukushima es, en esta ocasión, causa y no efecto. Se trata del tsunami como personaje-decorado que se muestra mientras se aproxima como amenaza a las costas niponas, aprovechando los videos utilizados en los informativos como medios de comunicación de masas, y en el momento en que golpean contra las instalaciones de la central Daiichi 1 apoyándose en las imágenes capturadas por algunos de los trabajadores de la central, cerrándose su representación audiovisual mediante las piezas que van de lo profesional televisivo a los contenidos generados por la nueva entidad prosumidora.

Mientras que Chernobyl puede mostrar como referente parcialmente icónico las imágenes capturadas del reactor destruido, con un enorme socavón que enseña las entrañas del desastre, en el caso japonés existe una dispersión visual en cuanto a los efectos del accidente, ya que este se produjo primordialmente en la central de Daiichi 1 pero el riesgo existió permanentemente en la próxima a la primera, llamada Daini. Es decir, Pripyat y el tsunami operan como personajes-decorados secundarios, pero esenciales para la comprensión de los efectos de la debacle en el primer caso, y de una de las causas en la situación acaecida en Japón.

Las zonas de exclusión actúan también como un nuevo personaje-decorado, aunque en un mayor nivel en el caso ucraniano. Las señales de prohibición y la militarización de ambas zonas apoyan el discurso sobre su peligrosidad y su conversión en áreas geográficas tabúes, pero la zona próxima a Chernobyl ha adquirido un alto nivel mítico, por el tiempo transcurrido y por las connotaciones del régimen soviético. La visualización del abundante arbolado que puebla la zona, un bosque "densísimo, oscuro, misterioso, un poco convencional, no del todo verosímil" (Propp, 2008, p.76), apunta a destacar su componente mítico. Un nuevo cadáver de la guerra fría surge allí, el conocido como Chernobyl 2, una voluminosa antena construida en la época soviética para detectar las amenazas del bloque norteamericano y que, cual esqueleto, se alza sobre los árboles. De alguna forma la idea mítica del bosque enunciada por Propp se repite con las torres y edificaciones de la ciudad fantasma de Pripyat. Sin pretender emularlo, los proyectos imitan al describir la zona "una atmósfera de peligro e irrealidad" apoyándose en un mínimo de elementos presente en el film *Stalker* (Tarkovski, 2008, p.20). Esa idea mítica es la perseguida por los turistas protagonistas de la ficción *Atrapados en Chernobyl*, a los que un stalker contratado guía por el territorio de lo prohibido (en una situación propuesta en la realidad por diversas empresas de turismo activo) oponiéndose a los itinerarios que pueden plantearse en un museo (Zunzunegui, 2003), que es en lo que se ha convertido la zona de exclusión en la actualidad, en el que el recorrido prohibido en lugar de no hacerse debe seguirse.

El funcionamiento interno del reactor nuclear permanece oculto no solo a la población, sino también a los trabajadores que operan con ellos en una central. Consecuentemente las reacciones en cadena dentro del reactor que provocaron los accidentes nucleares, se sitúan fuera del campo de visión de los operarios. En los proyectos audiovisuales que los describen, ha de resolverse el problema de cómo hacerlos visibles y cómo construir esas situaciones y espacios fuera de campo. En los metrajes analizados se solventa la cuestión reconstruyendo virtualmente, mediante gráficos generados por ordenador, los procesos que se producen y provocan las reacciones en cadena y la fusión del núcleo. La evolución tecnológica es la que permite establecer diferencias estéticas entre los diversos productos, en función de los distintos años de realización de los proyectos, pero en todos los casos se persiguen dos objetivos. Por un lado penetrar en las causas del accidente accediendo y reconstruyendo virtualmente espacios fuera del campo de la visión, y por otro existe una labor didáctica explicando la manera de generarse la energía nuclear en las centrales. Es decir, cumplen dos roles, expositivo sobre lo particular y educativo sobre lo general. La construcción virtual se extiende más allá de las paredes del reactor, pues se edifican mediante gráficos los edificios en los que se encuentran, las centrales nucleares y sus instalaciones, mostrando una maqueta generada por ordenador de las salas y espacios que las componen. Parecido método es utilizado para simular virtualmente las explosiones que se produjeron en los momentos de inicio de los accidentes, permitiéndose espectacularizar lo sucedido en pos de narrar los acontecimientos en el orden en que se produjeron.

El efecto del accidente en una central nuclear se traduce tanto en un resultado visible y físico, fruto de las explosiones producidas, como en la incursión de las olas del tsunami que provocó e incentivó el problema en el caso de la central de Fukushima, particularmente afectada por su proximidad a la costa. Pero la verdadera amenaza, y con efectos más graves, es la radiactividad. Ésta tiene el carácter de su invisibilidad y la no inmediatez de sus efectos, tanto en la población afectada como en la zona que la sufre. Dicha ausencia de visibilidad, su existencia fuera del campo visual captable por una cámara, es la que los productos analizados intentan solventar. Salvo los daños sufridos por las víctimas, particularmente los padecidos mediante las mutaciones y alteraciones padecidas por la población infantil que se vio obligada a crecer en las zonas afectadas por la radiactividad (y que de hecho sí que pueden considerarse como la verdadera imagen icónica del accidente de Chernobyl, una imagen dispersa, no focalizada en un único individuo), el proceso de grabación no permite incluir en el campo de la acción la nociva e invisible radiactividad, a lo sumo los controles de su presencia mediante los medidores que la contabilizan, apoyándose en un sonido que casi automáticamente relacionamos con el hecho radiactivo. Es durante el proceso de postproducción de los materiales analizados cuando es posible incluir en campo la acción y extensión de la radiactividad, mediante el uso de mapas que muestran gracias a animaciones, tanto las áreas afectadas, como el avance temporal de la misma.

Como los accidentes se producen en un momento determinado, no previsto, el cronograma de las explosiones sigue similar criterio. En los productos analizados se sigue el mismo procedimiento para recuperar audiovisualmente ese momento exacto. Se procede a la generación de una imagen virtual animada que representa el instante exacto de la explosión y la construcción del espacio imaginario del accidente se acompaña de la inserción de las imágenes reales del efecto de la explosión en el edificio. Aquí toma peso el concepto de riesgo del camarógrafo, ya que dichos planos reales obligadamente se toman desde cierta distancia de seguridad, y de modo aéreo aunque esto es discutible en el caso de Chernobyl en el que algunos de los planos acaban siendo más cercanos, ya sea por desconocimiento, o por una actitud coercitiva por parte del estado a la hora de capturar la imagen de la labor de los liquidadores. Sin embargo en el caso de la central de Fukushima algunas de las explosiones pudieron ser grabadas desde una larga distancia, para retransmitir el desarrollo de los hechos, material obviamente utilizado en los documentales posteriores.

3. Conclusiones

Las catástrofes nucleares de Chernobyl y Fukushima han sido profusamente representadas audiovisualmente, pero tanto a nivel individual de cada una de ellas, como global de ambas a pesar del tiempo transcurrido, la manera en que se ha hecho ha sido similar.

Los productos documentales se han planteado siguiendo las técnicas propia del contenido histórico, afrontándose además el problema del acceso y reconstrucción de unas localizaciones situadas fuera del campo social por su peligrosidad. La labor periodística sobre el terreno ha sido particularmente reconocida en tres de los casos poniendo en valor la labor del comunicador.

Resulta irónico pensar en la falta de aprendizaje de la sociedad ante un problema que se ha vuelto a repetir y que el audiovisual insiste en recordar. En este sentido noticias recientes como el ciberataque acaecido en junio de 2017 sobre los equipos de la central de Chernobyl, vuelve a poner el foco en un problema, la radiactividad latente, tan invisible como el propio ataque informático.

Bibliografía

- Aczel, A.D. (2012). Las guerras del uranio. Barcelona: RBA.

- Aumont, J.; Bergala, A.; Marie, M. y Vernet, M. (1989). Estética del cine. Espacio fílmico, montaje, narración, lenguaje. Barcelona: Paidós.

- Castells, M. (2010). Comunicación y poder. Madrid: Alianza.

- Doelker, C. (1982). La realidad manipulada. Barcelona: Gustavo Gili.

- Dollfus, O. (1990). El espacio geográfico. Barcelona: Oikos-Tau Ediciones.

- Gámir Orueta, A. (2012). "La consideración del espacio geográfico y el paisaje en el cine" Scripta Nova. Revista Electrónica de Geografía y Ciencias Sociales. [En línea]. Barcelona: Universidad de Barcelona, 1 de junio de 2012, vol. XVI, nº 403. http://www.ub.es/geocrit/sn/sn-403.htm.

- Gubern, R. (1974). Mensajes icónicos en la cultura de masas. Barcelona: Lumen.

- Koskin, I. (2011). Chernobil. Confesiones de un reportero. Barcelona: Efadós.

- Mitry, J. (2002). Estética y psicología del cine. 1. Las estructuras. Madrid: Siglo XXI.

- Propp, V. (2008). Las raíces históricas del cuento. Madrid: Fundamentos.

- Sorlin, P. (2005). "Películas que orientan la historia". En J. Montero y A. Rodríguez (dirs). El cine cambia la historia. Madrid: Rialp, pp.31-44.

- Sorre, M. (1967). El hombre en la tierra. Barcelona: Labor.

- Tarkovski, A. (2008). Esculpir en el tiempo. Madrid: Rialp.

- Weinritcher, A. (2005). Desvíos de lo real. El cine de no ficción. Madrid: T&B Editores.

- Zubiaur, F.J. (2005). Historia del Cine y de otros medios audiovisuales. Pamplona: Ediciones Universidad de Navarra (EUNSA).

- Zunzunegui, S. (2003). Metamorfosis de la mirada. Museo y semiótica. Madrid: Cátedra.

CAPÍTULO III

NUEVOS ENFOQUES DE LA INVESTIGACIÓN SOBRE CREDIBILIDAD EN REDES Y MEDIOS SOCIALES

Alfredo Palacios Roa[1]

Jonathan Segovia Quezada[2]

1. Chile, un país de terremotos y catástrofes

Chile es un país sísmico y catastrófico por antonomasia; no solo porque los primeros soldados, cronistas, historiadores y viajeros lo han señalado en innumerables ocasiones, sino porque su constitución geológica así lo comprueba. De hecho, la particular ubicación del territorio chileno en el denominado "Cinturón de Fuego del Pacífico"–lugar donde se concentran algunas de las zonas de subducción más activas e importantes del planeta–, en el presente lo han convertido en lugar "más sísmico del mundo"[3].

Ahora, si bien el estudio de los movimientos telúricos y eventos desastrosos recibió especial atención por parte de los primeros eruditos nacionales (como por ejemplo del abate Juan Ignacio Molina y del cronista jesuita Felipe Gómez de Vidaurre[4]), conforme pasaron los siglos el interés por estudiar, describir y analizar este tipo de fenómenos de manera sistemática, se desvaneció, al punto que, en 1999, en la prensa diaria se reconocía

---

[1] Doctor en Historia de América por la Universidad de Sevilla, Investigador del Centro de Estudios Americanos, Facultad de Artes Liberales, Universidad Adolfo Ibáñez, Chile. Grupo de Investigación: Estudios Marítimos, Ciencia, Cultura, Economía y Sociedad. El presente trabajo forma parte del proyecto CONICYT/FONDECYT/INICIACIÓN N. 11160157, "Impacto sociopolítico de los temblores y terremotos en Chile a lo largo del siglo XIX".

[2] Diseñador Gráfico, Profesor de Estado con mención en Educación Técnica Profesional por la Universidad de Santiago de Chile, Encargado de Extensión y Educación de Archivo Nacional Histórico de Chile.

[3] Véase: Cisternas, A, Vera, E, (2009). "Sismos históricos y recientes en Magallanes". Magallania. Vol. 36, número 1, pág. 43. Cisternas, A, (2011). "El país más sísmico del mundo". Anales de la Universidad de Chile, Séptima Serie, pág. 20.

[4] En este sentido podemos decir ambos religiosos dentro de sus "historias naturales" dieron cuenta de cómo los temblores y terremotos eran parte integrada de la geografía del territorio y constituían una declarada amenaza para los intereses de los habitantes del entonces reino de Chile. Véase: Molina, J. I, (1788). Compendio de la historia geográfica, natural y civil del reino de Chile. Madrid: Imprenta de Antonio de Sancha, tomo I, pág. 31- pág. 36. Gómez de Vidaurre, F, (1889). Historia geográfica, natural y civil del reino de Chile. Santiago: Imprenta Ercilla, pág. 65-pág. 68. (Colección de Historiadores de Chile y Documentos Relativos a la Historia Nacional, tomo XIV).

"la falta de datos sobre el peligro sísmico"[5] en un territorio vulnerable como el chileno.

En efecto, las catástrofes provocadas por los riegos naturales en Chile, han sido y son una constante dentro de su largo y angosto territorio, siendo afectada la sociedad chilena a través de terremotos, erupciones volcánicas, incendios, aluviones de lodo y agua, temporales, y grandes sequías que han ido transformando la relación del ser humano con su entorno y su patrimonio cultural, así describe el historiador Mellafe esta singular y negativa situación: *"el acontecer infausto tiraniza este diálogo, obliga a toda una sociedad a enfrentarse, a través de su yo con los estratos más profundos de su existencia espiritual, con el alba de su propia siquis"*[6].

A raíz de esta forma de vivir, la sociedad chilena tiene la particularidad del volver a sus inicios cada cierto tiempo, ya que su geografía sufre un dinamismo constante que los afecta como sociedad, donde cada cierto tiempo todo se derrumba y vuelve a renacer, teniendo el coraje y la fuerza de siempre para volver a levantarse. En efecto, es el concepto y la vivencia de la catástrofe la que ha permeado y ha influido en la forma en que los habitantes de territorio chileno se relación con su entorno[7].

En este sentido, este último concepto, el de la "catástrofe" engloba pérdidas y se hace visible en las ruinas y en la desaparición de lo existente y conocido. Su significado se traduce en la sublimación de la naturaleza, en cuanto a la superación de todo orden social establecido. Etimológicamente viene del griego *katrastrophe* (torsión, cambio de posición) y *katrastepho* (retornar), por lo que su concepto enuncia un desastre de magnitudes considerables, sobre todo cuando se traduce en pérdidas humanas y materiales. En griego, la palabra tiene una connotación subterránea -*kata*- que se articula con la idea de una vuelta inesperada o de un arrojo[8]. Partir entonces de la noción de catástrofe significaría "volver inesperadamente" sobre el pasado, pensando que 'ese retorno imprevisto' comprende necesariamente una vuelta o, en otras palabras, un giro del destino sobre lo pensado, creado y construido por los nacionales a lo largo del tiempo.

---

[5] "Estudio: Zona central de Chile podría sufrir otro terremoto sobre magnitud 8 Richter". El Mercurio [Fecha de consulta: 21/06/2017]. http://www.emol.com/noticias/nacional/2011/01/30/461464/estudio-zona-central-de-chile-podria-sufrir-otro-terremoto-sobre-magnitud-8-richter.html

[6] Mellafe, R, (1980). "El acontecer infausto en el carácter chileno, una proposición de historia de las mentalidades". Atenea, número 442, pág. 287.

[7] Por ejemplo, algunos investigadores sostienen que, debido a los numerosos terremotos y fenómenos catastróficos que han azotado al país desde el inicio de su historia, los chilenos se han convertido en verdaderos "seres telúricos" y esta condición se traduce en un modo de pensar, actuar y vivir que forma parte esencial del carácter e identidad nacional. Véase: Riquelme, A y Silva, B, (2011). "Una identidad terremoteada. Chile en 1960". Revista de Historia Iberoamericana. Vol. 4, número 1, pág. 1-pág. 25.

[8] Corominas, J, (1961). Breve diccionario etimológico de la lengua castellana. Madrid: Editorial Gredos, pág. 61.

Por lo tanto, y siguiendo esta lógica, terremotos, tsunamis, erupciones volcánicas, sequias, incendios e inundaciones son retornos de la naturaleza, es decir, la fuerza interna de la Tierra se manifiesta y arroja sobre los pueblos y ciudades, por lo que la *katrastrophe* queda patente en ellos, ya que el orden social y la normalidad de la vida cotidiana violenta e inesperadamente se alteran, rompiéndose todo equilibro alcanzado.

En consecuencia, la comprensión del presente, y la prospectiva de los fenómenos sociales no puede realizarse sin un conocimiento exhaustivo del pasado. Esta premisa, que entendemos como fundamental en el quehacer de los historiadores e investigadores, también puede ser aplicada a los riesgos geológicos y especialmente al estudio de los seísmos ocurridos en tiempos pretéritos. Por ello, la denominada "sismología histórica" se transforma en una herramienta fundamental a la hora de conocer y evaluar las características geofísicas y determinar el coeficiente de peligrosidad de un determinado territorio.

De esta manera, si consideramos que la sismología, en cuanto a ciencia, es una aplicación joven que tuvo su inicio formal a mediados del siglo XIX, cuando se instalaron los primeros sismógrafos en el mundo y se comenzó a controlar la actividad tectónica con instrumentos que registraban las vibraciones del terreno al paso de las ondas sísmicas; podemos incurrir en graves omisiones si solo nos limitásemos a utilizar el registro instrumental aportado por esta ciencia durante los últimos ciento cincuenta años. Por lo tanto, y a pesar de que los instrumentos más antiguos para registrar los temblores se remontan a la China del siglo II d.C., y que en Europa los primeros sismoscopios aparecieron en el siglo XVIII[9], no sería hasta mediados del siglo XIX cuando, con la instalación formal de un sismoscopio en el Observatorio Astronómico del cerro Santa Lucía de Santiago de Chile[10], se inició la observación sísmica instrumental en Chile y con ello el propio registro cuantitativo. De esta manera, si queremos estudiar el comportamiento sísmico de una región o de una falla geológica activa

---

[9] Batlló, J, (2009), "Instrumentación sísmica. El problema de registrar un terremoto". En: Ugalde, A. Terremotos: cuando la tierra tiembla. Madrid: Consejo Superior de Investigaciones Científicas, pág. 67- pág. 75.

[10] En Chile los albores de la sismología instrumental se remontan a 1849 cuando James Gillis, encargado de una expedición astronómica de los Estados Unidos en el hemisferio sur, realizó las primeras observaciones telúricas en el país. Así, el 2 de abril de 1851, el sismoscopio que Gillis instaló en el cerro Santa Lucía de Santiago logró el primer registro concreto de un seísmo en el territorio chileno. Posteriormente, en febrero de 1908, la primera estación sismológica, con registro de movimiento del suelo y del tiempo en forma simultánea, sería instalada en dicho observatorio por Fernando Montessus de Ballore. Más detalles en Gillis, J, (1855). The U.S. naval astronomical expedition to the southern hemisphere during the year 1849-1850-1851-1852. Washington: A.O.P. Nicholson Printer, pág. 105- pág. 108. Vol. I. Greve, F, (1960) "Extracto de la historia de la sismología en Chile". Anales de la Facultad de Ciencias Físicas y Matemáticas de la Universidad de Chile, número 17, pág. 15.

dentro del largo período, necesariamente tenemos que recurrir a los documentos históricos para realizar una evaluación cualitativa de los daños descritos por los terremotos ocurridos en épocas pasadas, y así complementar la información obtenida por los aparatos de medición[11].

A partir de lo anterior, podemos decir que los fenómenos sísmicos son de una larga periodicidad, y que la repetición de un temblor de cierta magnitud en una misma falla puede ocurrir con un amplio espacio temporal de varios cientos o incluso miles de años. Está claro entonces que, si nos limitásemos al registro instrumental para tipificar la actividad tectónica de una región determinada, correríamos el riesgo de omitir la ocurrencia de importantes sismos que alcanzaron magnitudes considerables históricamente. En otras palabras, se requiere disponer de un registro documentado y ordenado de los datos de los denominados "sismos históricos" para apoyar estudios e investigaciones presentes y futuras en esta importante y útil parcela del conocimiento.

2. Catástrofes: la oportunidad mediática, su difusión y utilización

Ahora bien, desde la década de los 80 del siglo XX, en medio de estos fenómenos naturales, la televisión a color (masificada a lo largo del territorio nacional con ocasión del mundial de fútbol que se celebró en España en 1982) se hacía parte de los momentos de ocio de la sociedad chilena. Sin embargo, al mismo tiempo ocurrían inundaciones por lluvias, desbordes de ríos y el terremoto del año 1985[12], el cual logró que la pantalla chica

---

[11] En los últimos años se ha venido desarrollando una perspectiva adicional y complementaria a los registros sísmicos e históricos, hablamos de la paleosismología, una disciplina que utiliza los principios básicos de la arqueología para lograr registros sobre los cuales es posible estimar la ocurrencia de grandes eventos telúricos en el pasado, y así poder conocer el comportamiento sísmico de extensas áreas y determinar el coeficiente de peligrosidad de un lugar en concreto. Un ejemplo de esto son las intercalaciones de arenas y suelos encontradas en el estuario del río Maullín, verdaderos códigos de barras que evidencian eventos ocurridos hace más de dos mil años en esta zona. A este respecto véase: Cisterna, M, (2005). "Suelos enterrados revelan la prehistoria sísmica del centro-sur de Chile durante los últimos dos milenios".Revista de Geografía Norte Grande, número 33, pág. 24.

[12] El domingo 3 de marzo de 1985 un violento movimiento sísmico desgarró una parte considerable de la geografía de nuestro país. Aquel terremoto, que se desencadenó en un contexto marcado por la violencia política, sirvió para poner a prueba el temple solidario de una tierra de hermanos que no dudo en dejar de lado las divisiones partidistas para unirse en una campaña altruista que tuvo por objetivo devolverles la tranquilidad espiritual y material a aquellos compatriotas que, tras la catástrofe, lo perdieron todo. Un completo análisis de este terremoto, el último que sacudió a la zona central de Chile, luego del paroxismo que arruinó a la ciudad de Valparaíso en el año de 1906, puede consultar en: Palacios, A, (2017). "Chile ayudó a Chile. El terremoto de marzo de 1985 y la reconstrucción espiritual y material de un país azotado por la naturaleza". En: Sánchez, M, Historia de la Iglesia en Chile. Conflictos y Esperanzas, remando mar adentro. Santiago: Editorial Universitaria. pág. 707- pág. 732. (Colección Historia de la Iglesia en Chile, tomo V).

no fuera tan solo diversión, sino que también fuese un medio de información en donde en vivo y en directo, se mostrara lo que le estaban viviendo otras familias chilenas solo a unos cuantos kilómetros de distancia.

Con esta nueva apuesta televisiva de un canal de comunicación masivo, se comenzaron a crear programas estelares de ayuda donde trabajaban 27 horas ininterrumpidas y que evocaban a la solidaridad entre todo el pueblo chileno, con el objetivo puesto en un futuro mejor. *"Con la escena de 15 camiones llegando con ropa, comida y otros artículos se cerró la primera campaña de Chile Ayuda a Chile, que se realizó entre el 8 y 9 de marzo de 1985, tras el terremoto que afectó a Santiago y otras ciudades cercanas, el día 3 de ese mes"*[13]. Gracias a lo anterior, muchos periodistas e incipientes estrellas de la televisión, vieron en esta coyuntura desgracia, una buena oportunidad de marketing para sus carreras, logrando posicionarse como estrellas más solidarias y cercanas a la sociedad que los veía siempre como los inalcanzables. Por ejemplo, y en relación a este mismo aciago evento podemos mencionar el caso de Sergio Campos, reconocido periodista nacional y la voz de los grandes eventos noticiosos de Radio Cooperativa, estuvo más de doce horas al micrófono de manera ininterrumpida llevando calma a la población. Por su parte, el reportero Mario Gómez López resumió así su impresión luego de este violento y destructivo remezón:

> Cuando ocurre una catástrofe que afecta a la gente de esta manera, el periodismo debe ir más allá de la noticia, hay que servir a las personas. Eso lo hace bien la radio. La información no reside en contario quién dio más muertos, sino en acompañar la vida. Que la gente que lo perdió todo sepa que hay alguien a su lado[14].

A medida que se ahondaban los datos, la situación imaginable emporaba, pero solo cuando la luz del alba ilumino las calles se pudo comprobar la real y verdadera magnitud de la catástrofe. Sin embargo, así como crecía el conocimiento y la visualización de los daños, la movilización nacional aumentaba. Esto podría ser el comienzo de cómo los canales de comunicación masiva, la radiodifusión, la televisión en conjunto con sus trabajadores, periodistas, animadores, actores y una gran cantidad de profesionales, se relacionaban con las catástrofes naturales y su forma de comunicar a la población. Enlaces en directo, o programas orientados a la solidaridad, se

---

[13] "Rostros recuerdan la primera campaña Chile ayuda a Chile en 1985". La Tercera [Fecha de consulta: 21/06/2017]. http://www.latercera.com/noticia/rostros-recuerdan-la-primera-campana-chile-ayuda-a-chile-en-1985/

[14] "Radios. Informando al instante". Revista Hoy, número 400, pág. 28. Este reconocido periodista de Radio Chilena, la popular emisora llamada la "voz de los sin voz", se instaló en la parroquia de San Antonio, lugar cercano al epicentro del sismo, y desde allí, en compañía del "cura Cholito", relató el drama y organizó las espontáneas muestras de solidaridad. Concha, M, (2010). Crónicas en sepia: réplicas de una dictadura. Santiago: Ediciones Caballo de Mar, pág. 60.

tomaban la agenda de la programación, coincidiendo con los años 90 y la apertura política y democrática que se vive en Chile, luego de muchos años bajo el régimen cívico militar encabezado por el general Augusto Pinochet Ugarte. Es por este tiempo que comienzan a popularizarse conceptos como la globalización y las sociedades de la información que emergen del establecimiento relacional de las tecnologías de información y comunicación (TICs), naciendo de la cotidianidad de las relaciones sociales, culturales y económicas que crecen en el seno de una sociedad, eliminando las barreras del tiempo y del espacio, facilitando así una comunicación más rápida y expedita.

Es así como la sociedad chilena comenzó a ver más de cerca los fenómenos de la naturaleza que pasaban a lo largo del país, y antes de que empezara el nuevo siglo ya tenían en su conocimiento visual las sequías, la muerte del ganado por no tener comida en el sur del país o como el más conocido "terremoto blanco" (agosto de 1995) que afectó el sur y extremo sur del país, dejando cortados los caminos con familias aisladas, sin abrigo y sin comida. Ya la sociedad chilena estaba apta para ser denominada "telúrico" como lo dice el mismo Mellafe: *"el hombre americano y chileno se ha definido esencialmente telúrico. Pero lo telúrico no es un simple amor a la tierra, ni una simple afinidad con lo natural; es un diálogo constante e inconsciente de la siquis con la naturaleza"*[15].

Por su parte, los medios de comunicación comenzaron a trabajar en pautas orientadas a las catástrofes, sabiendo que *"cuando es mayor la incertidumbre, mayores son las consecuencias y mayores las dificultades para trasladar los hechos al espacio y el tiempo de los medios"*[16]. La mayoría de los medios, cayeron en la exageración del tratamiento de la noticia. Su estructura estética, su forma, su fondo, trataba de provocar emotividad en la ciudadanía, con toda una plataforma que giraba en la exacerbación de una catástrofe que no era tan grave, pero que si afectaba a algunos ciudadanos del país. El dominio lo tenían los directores de programas de televisión o editores de noticieros o periódicos, que, en la búsqueda de audiencia, podían aumentar un charco de lluvia como un gran tsunami, generando el efecto de aguja hipodérmica, en donde los medios de comunicación explotan la información de tal forma que inyectan en la mente de los emisores un mensaje de caos e incertidumbre.

Ya llegado el nuevo siglo, la sociedad chilena experimentó cambios con el acceso masivo a los ordenadores, con la llegada de la telefonía móvil y con el inicio de la masividad del internet, llevo a la sociedad chilena a olvidar

---

[15] Mellafe, R, (1980). "El acontecer infausto en el carácter chileno, una proposición de historia de las mentalidades". Atenea, número 442, pág. 287.

[16] Rodríguez, P, Odriozola, B, (2012). "Catástrofes y periodismo: el relato, los escenarios, las interacciones y las necesidades prácticas y psicológicas de todos los implicados". Estudios sobre el Mensaje Periodístico. Vol. 18, número 2, pág. 578.

la experiencia que genera un terremoto que cada cierto tiempo vivían los chilenos, pero que casi con 15 años de silencio telúrico, algunos no comprendían de lo que se trataba. Con la globalización de los medios y la instantaneidad, los chilenos se acostumbraron a ver desastres a nivel internacional pero no a nivel nacional, pero la "siquis de la naturaleza", se encargó de recordar una vez más con el terremoto en la zona norte (Tocopilla 2007) y finalmente con el terremoto de Cobquecura el 2010 que somos una sociedad de catástrofes.

Algunos medios de comunicación, se vieron muchas veces improvisando o muy limitados, asumiendo la difícil tarea de cubrir el mayor radio geográfico para transmitir en tiempo real las emociones que las catástrofes generan en la sociedad, *"cabe recordar que el periodismo de catástrofes es una especialidad delicada y compleja, pues el hecho afecta profundamente en lo emocional y material a muchos y a sus comunidades, alterando estructuras fundamentales-sociales, financieras, políticas, sanitarias, etc."* [17].

Paralelamente, el dinamismo y la evolución de la tecnología de las comunicaciones también tienen su rol, desde el momento en que aparece el primer iPhone (2007), la vida de los computadores cambia, un teléfono inteligente comenzó a ser un computador donde convergen diferentes soportes multimediales que dan vida a la nueva forma de interactuar entre las sociedades sin límites.

Comenzaron a desarrollarse las aplicaciones que son los "antiguos software", pero que son más fácil de obtener, instalar y usar, logrando una democratización de las tecnologías y de los nuevos medios que son verdaderas plazas públicas de opinión sobre cualquier tema de interés. La creación de las Redes Sociales o Social Media, nos acerca y nos separa, nos informa y nos desinforma a la vez. Con esto podíamos vislumbrar como la mezcla del uso indiscriminado de las redes sociales y la aplicación de la definición de la postverdad, *"hechos objetivos tienen menos influencia en definir la opinión pública que los que apelan a la emoción y a las creencias personales"*[18], nos han llevaría a un nuevo espacio de comunicaciones.

Al revisar el uso de las TIC´s en las catástrofes de Chile, podemos decir que han tenido una vital importancia desde el terremoto del 2010, donde el uso de SMS o Internet a través de teléfonos han sido vital: *"Internet y*

---

[17] Rodríguez, P, Odriozola, B, (2012). "Catástrofes y periodismo: el relato, los escenarios, las interacciones y las necesidades prácticas y psicológicas de todos los implicados". Estudios sobre el Mensaje Periodístico. Vol. 18, número 2, pág. 585.

[18] Coughlan, S, (2017). Qué es la pos verdad, el concepto que puso de moda el "estilo Trump" en Estados Unidos. [Fecha de consulta: 18/06/2017]. http://www. bbc.com/mundo/noticias-internacional-38594515

los SMS móviles conforman el escenario ideal para las aportaciones económicas y/o artículos de primera necesidad, destinados a los damnificados por alguna catástrofe, dado que los ciudadanos solidarios pueden responder rápida y eficazmente"[19]. La sociedad chilena, comenzó a utilizar todos los medios tecnológicos para poder aminorar los efectos de un desastre improvisto. Ya por la misma fecha, los canales de televisión, tímidamente tomaban las redes sociales como conductores de información válida e instantánea que a veces no podían prever. Los periodistas, modestamente cubrían los hechos con Twitter, porque no sabían a lo que se enfrentaban, si era veraz o no la historia escrita o sólo se intentaba crear un pánico innecesario en 140 caracteres. Esto fue evolucionando hasta llegar al ciudadano con responsabilidad social, que por ejemplo daba un mensaje de emergencia, en donde subía el mar a niveles nunca antes vistos y que la evacuación debía ser inmediata. Nacieron así, los reporteros ciudadanos, que con tan sólo unos teléfonos inteligentes podían grabar un hecho imprevisto y luego lo enviaban a la televisión. El poder ciudadano tomaba valor a la hora de comunicar.

Para el terremoto del 2010, mayoritariamente el uso de Facebook y Twitter, fueron canales de solidaridad, información y para viralizar fotos con mensajes de compasión, de alerta, de fuerza o simplemente de alegría. *"Los memes son ideas que saltan de mente en mente. Independientes de nosotros, las ideas contagiosas pueden venir de cualquier época y lugar y evolucionan sin nuestro permiso"*[20].

El uso de las Redes Sociales es en un hito importante para la forma de comunicación entre la ciudadanía y los canales establecidos de comunicación masiva, siendo estos vitales al momento de una catástrofe natural. Los periodistas, tuvieron que acceder a estos nuevos canales porque en ellos se entregaban información que pocas veces se lograba cubrir, sobretodo en un país que geográficamente es tan difícil, "los memes", "me gusta", "compartir", "troll", "retwittear", pasaron a ser conceptos que debieron adquirir para no quedar outside dentro de los canales que comenzaban a ser una pieza clave para las catástrofes en chile. *"Las nuevas Tecnologías se manifiestan antes, durante y después de las catástrofes, lo que resulta especialmente favorable para el auxilio de vidas humanas. De hecho, el éxito de las tareas de rescate depende en gran medida de la*

---

[19] De Pedro, J, (2009). "Las TIC en la prevención de los desastres naturales". II Congreso de Computación para el Desarrollo (COMDES09), celebrado en Costa Rica [Fecha de consulta: 21/06/2017]. http://sinae.gub.uy/wps/wcm/connect/pvsinae/d4063783-e7a5-471e-b121

[20] Rodríguez, D, (2013). Memecracia: los virales que nos gobiernan. Madrid: Editorial Gestión 2000, pág. 14.

disponibilidad de información actualizada sobre el desarrollo de la situación"[21].

Ya con la perspectiva del tiempo y con el terremoto de Iquique (zona norte de Chile) el 2014, con el terremoto de Coquimbo (zona centro norte de Chile) el 2015, el terremoto de Chiloé (zona sur de Chile) el 2016 y con el mega incendio de Matanzas (zona central de Chile) del 2017, los medios de comunicación, el desarrollo de las Tics, y la adquisición de las competencias tecnológicas de los reporteros, han hecho que el tiempo real del hecho noticioso sea una constante, transmitiendo a través de los canales formales e informales (Fanpage personales de los periodistas) y cumpliendo el rol de informar a toda la sociedad que las catástrofes son parte de nuestras vidas y no las olvidaremos.

3. Consideraciones finales

Los movimientos de la tierra, en conjutno con otras catástrofes provocadas por los riegos naturales, que se han dejado sentir en este país han marcado profundamente la vida de sus habitantes quienes, desde los orígenes como reino de la Monarquía hispánica, pasando por el inicio de su vida independiente y republicana hasta el presente, han debido soportar la fuerza de la naturaleza y los consiguientes efectos que esta dinámica ha impreso en sus vidas e infraestructuras.

Ciertamente, se puede establecer que, al menos, un total de 125 sismos de intensidad conocida y documentada se dejaron sentir a lo largo de la estrecha y alargada geografía chilena; en consecuencia, cada 2,6 años en promedio un violento remezón sacudió algún pueblo o ciudad chilena, y cada 8,6 años uno de estos seísmos ocasionó graves daños en ciertas poblaciones, ya que la energía liberada por algunos de estos paroxismo bien pudo alcanzar una magnitud igual o superior a 7.

A la luz de estos datos, podemos reafirmar la tesis planteada por Rolando Mellafe en el sentido de que estos numerosos y negativos acontecimientos, además de hendir notoriamente la evolución histórica de las ciudades chilenas, han servido para crear una cultura o idiosincrasia telúrica, la cual estaría fuertemente marcada por la naturaleza y que resulta muy difícil apartarla de la realidad cotidiana de los habitantes de este país.

En resumen, y considerando que vivimos en una zona constantemente convulsionada por la dinámica interna de la Tierra, se puede afirmar que el seísmo de mayor intensidad siempre será aquel que aún no se manifiesta; por eso, y teniendo en cuenta que el hombre en su afán de conquistar

---

[21] De Pedro, J, (2009). "Las TIC en la prevención de los desastres naturales". II Congreso de Computación para el Desarrollo (COMDES09), celebrado en Costa Rica [Fecha de consulta: 21/06/2017]. http://sinae.gub.uy/wps/wcm/connect/pvsinae/d4063783-e7a5-471e-b121

su entorno natural sigue ocupando algunos terrenos vulnerables a la acción de estos procesos naturales, se hace imperante la toma de conciencia, por parte de la población y de las autoridades, de las características de los lugares donde viven y desarrollan sus actividades cotidianas, y de los potenciales riesgos a los que están expuestos.

Entonces, y de cara a la antítesis de dos fuerzas que se están enfrentando a cada instante: el poder destructivo de la naturaleza y el poder del hombre —ese poder "racional" que trata de imponerse sobre las órdenes establecidas por el medio que le rodea—, pensamos que cuando los ciudadanos tomen una verdadera conciencia de los riesgos naturales y los dirigentes de turno aprueben y dirijan conscientemente el uso de determinados terrenos, se podrá escribir una nueva página en la lucha para la mitigación y la prevención de las catástrofes causadas por los terremotos y tsunamis.

4. Bibliografía

- "Estudio: Zona central de Chile podría sufrir otro terremoto sobre magnitud 8 Richter". El Mercurio [Fecha de consulta: 21/06/2017].
  http://www.emol.com/noticias/nacional/2011/01/30/461464/estudio-zona-central-de-chile-podria-sufrir-otro-terremoto-sobre-magnitud-8-richter.html

- "Radios. Informando al instante". Revista Hoy, número 400, pág. 28.

- "Rostros recuerdan la primera campaña Chile ayuda a Chile en 1985". La Tercera [Fecha de consulta: 21/06/2017].
  http://www.latercera.com/noticia/rostros-recuerdan-la-primera-campana-chile-ayuda-a-chile-en-1985/

- Batlló, J, (2009). "Instrumentación sísmica. El problema de registrar un terremoto". En: Ugalde, A. Terremotos: cuando la tierra tiembla. Madrid: Consejo Superior de Investigaciones Científicas.

- Cisterna, M, (2005). "Suelos enterrados revelan la prehistoria sísmica del centro-sur de Chile durante los últimos dos milenios". Revista de Geografía Norte Grande, número 33.

- Cisternas, A, (2011). "El país más sísmico del mundo". Anales de la Universidad de Chile, Séptima Serie.

- Cisternas, A, Vera, E, (2009). "Sismos históricos y recientes en Magallanes". Magallania. Vol. 36, número 1.

- Concha, M, (2010). Crónicas en sepia: réplicas de una dictadura. Santiago: Ediciones Caballo de Mar.

- Corominas, J, (1961). Breve diccionario etimológico de la lengua castellana. Madrid: Editorial Gredos.

- Coughlan, S, (2017). Qué es la pos verdad, el concepto que puso de moda el "estilo Trump" en Estados Unidos. [Fecha de consulta: 18/06/2017]. http://www. bbc.com/mundo/noticias-internacional-385945

- De Pedro, J, (2009). "Las TIC en la prevención de los desastres naturales". II Congreso de Computación para el Desarrollo (COMDES09), celebrado en Costa Rica [Fecha de consulta: 21/06/2017]. http://sinae.gub.uy/wps/wcm/connect/pvsinae/d4063783-e7a5-471e-b121

- Gillis, J, (1855). The U.S. naval astronomical expedition to the southern hemisphere during the year 1849-1850-1851-1852. Washington: A.O.P. Nicholson Printer, vol. I.

- Gómez de Vidaurre, F, (1889). Historia geográfica, natural y civil del reino de Chile. Santiago: Imprenta Ercilla. (Colección de Historiadores de Chile y Documentos Relativos a la Historia Nacional, tomo XIV).

- Greve, F, (1960) "Extracto de la historia de la sismología en Chile". Anales de la Facultad de Ciencias Físicas y Matemáticas de la Universidad de Chile, número 17.

- Mellafe, R, (1980). "El acontecer infausto en el carácter chileno, una proposición de historia de las mentalidades". Atenea, número 442.

- Molina, J. I, (1788). Compendio de la historia geográfica, natural y civil del reino de Chile. Madrid: Imprenta de Antonio de Sancha, tomo I.

- Palacios, A, (2017). "Chile ayudó a Chile. El terremoto de marzo de 1985 y la reconstrucción espiritual y material de un país azotado por la naturaleza". En: Sánchez, M, Historia de la Iglesia en Chile. Conflictos y Esperanzas, remando mar adentro. Santiago: Editorial Universitaria. (Colección Historia de la Iglesia en Chile, tomo V).

- Riquelme, A y Silva, B, (2011). "Una identidad terremoteada. Chile en 1960". Revista de Historia Iberoamericana. Vol. 4, número 1.

- Rodríguez, D, (2013). Memecracia: los virales que nos gobiernan. Madrid: Editorial Gestión 2000.

- Rodríguez, P, Odriozola, B, (2012). "Catástrofes y periodismo: el relato, los escenarios, las interacciones y las necesidades prácticas y psicológicas de todos los implicados". Estudios sobre el Mensaje Periodístico. Vol. 18, número 2.

CAPÍTULO IV

LA COMUNICACIÓN DE EMERGENCIAS EN REDES SOCIALES EN LOS CASOS GERMANWINGS Y ÉBOLA.

ANÁLISIS DE LOS ACTORES INSTITUCIONALES, MEDIÁTICOS Y CIUDADANOS EN TWITTER

Carles Pont Sorribes
Guillem Suau Gomilla
Salvador José Percastre Mendizabal
Departamento de Comunicación de la UPF

1. Introducción

La investigación que aquí se presenta tiene el reto de analizar los medios sociales o *social media* con más implantación (IAB,2017) y, por tanto, con más posibilidades de impacto en una situación de emergencia (Giansante, 2015). La investigación se centra en el estudio de caso de dos situaciones de emergencias que tuvieron gran repercusión en España. El primer caso es el accidente del vuelo de Germanwings, que cubriría la ruta Barcelona-Düsseldorf, producido el 24 de marzo de 2015. El avión, con 150 personas a bordo, se estrelló en los Alpes franceses. No hubo supervivientes. Las autoridades francesas y alemanas y también la propia compañía admitieron que el accidente fue causado intencionadamente por el copiloto del vuelo.

El segundo caso es del contagio de la enfermedad del ébola de la auxiliar de enfermería Teresa Romero. A raíz del brote del virus del Ébola en África Occidental en 2014, una auxiliar de enfermería del Hospital Carlos III de Madrid se contagió de esta enfermedad. Se informó del caso el 6 de octubre de ese año, convirtiéndose en el primero que se originaba en suelo español y también europeo. Este fue, precisamente, el hecho que generó una situación de emergencia. De las dos situaciones de emergencia se analiza el uso que los actores implicados hicieron de los social media en la gestión de la comunicación. En concreto, los actores analizados son: administraciones públicas, empresas y medios de comunicación.

Los principales objetivos de la investigación son conocer hasta qué punto se utilizan las herramientas 2.0 en la comunicación de situaciones de emergencia; averiguar los cambios que se han producido en la gestión de las propias situaciones de emergencia, tanto a nivel de gestión como de impacto en la población; y determinar las nuevas formas de comunicación que han generado.

La voluntad de los investigadores es aportar datos que permitan explicar los retos que afrontan los medios de comunicación y las administraciones en casos de crisis. Para llevar a cabo la investigación, como se explica en el apartado metodológico, se ha empleado tanto métodos cuantitativos como cualitativos.

2. Marco teórico

Para abordar el marco teórico de esta investigación los autores han tomado do como referencia tres grandes referentes académicos: el campo sociológico del riesgo; el ámbito de la comunicación y el periodismo; y la investigación en redes sociales, especialmente en Twitter. En la aproximación teórica al debate del riesgo es ineludible hablar del concepto de postmodernidad y el nuevo paradigma que Beck (1998, 2002) denomina la sociedad del riesgo.

El sociólogo alemán Ulrick Beck publica un libro en 1986 con el título original de *Risikogesellschaft: auf dem weg in eine andere Moderne*, traducido al castellano en 1998 por *La sociedad del riesgo: hacia una nueva modernidad* (1998). Durante los años noventa esta teoría social de Beck entra en diálogo con otras aportaciones de autores como Giddens, Lash, Habermas o Luhmann, entre otros (Pont, 2013). Esta corriente teórica refleja que en la sociedad de hoy hay cambios importantes que aportan nuevas relaciones sociales y que superan la sociedad de clases con nuevos movimientos ciudadanos como el ecologismo, el pacifismo o el feminismo. En este contexto, Beck plantea el paradigma de la sociedad del riesgo como un estadio de la sociedad moderna en el cual la producción de riesgos políticos, ecológicos e individuales escapa al control institucional.

Por otra parte, los medios difunden y multiplican el conocimiento colectivo sobre el peligro, el riesgo y la inseguridad visible, y el alarmismo se amplifica a través de la transmisión múltiple de los medios de comunicación de masas y las noticias sobre crisis, atentados, desastres y catástrofes se difunden instantáneamente a todo el planeta (Gil-Calvo, 2004: 35). La hipótesis de la amplificación del riesgo colectivo de Gil-Calvo enlaza con lo que Beck sentencia sobre la globalización.

La percepción del riesgo ha aumentado en las últimas décadas. Es apreciable que este cambio trascendental se ha producido debido a la información y su inmediata divulgación, porque hoy ya no existen fronteras en el ámbito comunicativo; una noticia llega en cuestión de segundos a cualquier rincón del mundo y esto comporta cambios de actitud en los receptores (Fog, 2002).

Las nuevas tecnologías de la información y de la comunicación (TIC) y, por ende, los nuevos medios de comunicación permiten que las interacciones puedan tener lugar a pesar del momento y del espacio físico en los que se encuentren los actores que interaccionan. En el contexto de la comunicación de emergencias tener en cuenta la idea de que la sociedad en red ya no hace distinción entre emisor y emisario del mensaje. En la sociedad red emerge un nuevo modelo de usuario que algunos autores llaman el "prosumidor" (*prosumer*) o usuario proactivo. Éste ha ganado centralidad con la evolución de la web 2.0, un término que acuñó Tim O'Reilly ya en el 2004.

Los usuarios, a través de las páginas colaborativas, participan del debate público y convierten las páginas web en plataformas de contenidos: blogs, microblogs (Twitter, Facebook, etc.) o videos (Youtube), entre muchos otros. Estos nuevos medios se han demostrado poderosamente útiles en situaciones de crisis. A las ventajas expresadas anteriormente, hay que añadir que Internet y los denominados *social media* permiten ser más eficaz ante las crisis por razones técnicas. Los cambios de las sociedades actuales se están llevando a cabo a partir de los avances tecnológicos que se adentran en nuestras vidas y las remodelan según la metáfora de la red. El resultado es la creación de una red de redes, la denominada sociedad en red (*networksociety*). En esta nueva estructura, la percepción de espacio y tiempo cambia radicalmente Castells (1996).

Con la irrupción de las redes sociales la emisión de los mensajes en las crisis, ya no son exclusivos de las administraciones y los medios de comunicación, sino que los ciudadanos participan activamente de la propagación de contenidos de la propia emergencia. La participación se concentra en las redes sociales (Pont, Codina y Pedraza, 2009). Un proceso proactivo que se da especialmente cuando hay situaciones de emergencias y crisis de todo tipo.

El servicio de *microblogging* Twitter es utilizado por periodistas e investigadores como un instrumento para analizar el potencial político, las tendencias electorales y los comportamientos comunicativos de líderes y partidos políticos (Giansante, 2015). Aunque su penetración e impacto social es inferior al de otras redes sociales como Facebook (IAB, 2016) constituye una herramienta excepcional para contactar con periodistas, *influencers* y expertos en diferentes aéreas del conocimiento (Giansante, 2015). A pesar de las posibilidades interactivas que ofrece su uso se caracteriza por ser una variación de los modelos comunicativos tradicionales, es decir, se utiliza como un canal de comunicación vertical y unidireccional, especialmente por parte de las élites políticas (Bentivegna, 2012; Bor, 2014; Di Bonito, 2015; López Abellán, 2012). Ante este uso inapropiado de la red social que impide a los dirigentes políticos sacar mayor provecho de sus comunicaciones a través de Twitter (Giansante, 2015).

En el campo de la comunicación de emergencias destacan las investigaciones de (Bruns, Burgess, Crawford y Shaw, 2012; Hughes y Palen, 2009; Mendoza, Poblete y Castillo, 2010; Palen, Starbird, Vieweg y Hughes, 2010). El papel de Twitter en situaciones de emergencia conduce a una interacción mayor y a nuevos tipos de información que son más eficientes, según se deduce de algunos de estos trabajos.

3. El artista como investigador y las artes visuales como territorio fronterizo

El desarrollo metodológico de la investigación es de tipo mixto cuantitativo-cualitativo, el alcance de la investigación es descriptivo con profundidad analítica e interpretativa.

3.1. Delimitación de la muestra de análisis

La muestra de análisis se ha filtrado a través de una herramienta de selección de la muestra relevante, denominada *Top Discussion Indicator* (TDI) (Percastre-Mendizabal, Pont-Sorribes y Codina, 2017). El TDI consiste en, por un lado, la identificación del marco temporal (día, hora o minutos) en los que se publicaron más tuits sobre la emergencia, y, por otro lado, la selección de aquellos tuits más relevantes de cuantos se publicaron en ese marco temporal.

Los tuits más relevantes se han elegido en función de su viralización, a mayor viralización, más relevancia, con esta lógica, se han escogido aquellos tuits que contarán como mínimo con más de 50 retuits y 10 favoritos. Los motivos por los que se otorga mayor valor al retuit que al favorito son los siguientes: 1. En la lógica interna del timeline de Twitter, un retuit da más visibilidad que un favorito, por lo que su valor como instrumento de viralización es más alto. 2. Como ha demostrado la propia investigación, la norma general es que los tuits obtengan un mayor número de retuits que de favoritos, por lo que necesariamente se le debe otorgar un valor numérico más elevado.

En la emergencia del Ébola en España, el TDI se localiza el día 7 de octubre de 2014 entre las 00:00h y las 23:59h (Suau-Gomila, Percastre-Mendizabal, Palà y Pont-Sorribes, 2017). En total el día 7 de octubre se publicaron 358.290 tuits, es decir, un 32,91% del total de la conversación en Twitter sobre la emergencia. Entre los 358.290 tuits que se publicaron el día 7 de octubre de 2012, 1.115 tuits cumplieron el requisito de tener como mínimo 50 retuits y 10 favoritos. Es decir, en total el 0,31% de los tuits publicados durante el TDI tenían la viralización requerida para ser analizados. De estos 1.115 tuits, se han analizado los 720 tuits con mayor viralización, y a pesar de que se ha puesto el foco en los perfiles mediáticos y los políticos institucionales, también se han analizado los perfiles ciudadanos. Consecuentemente, se puede afirmar que se ha tenido en consideración a los tres actores de la comunicación política (Wolton, 1990; Canel, 2006; Mazzoleni, 2010).

En el caso de Germanwings se ha utilizado el mismo método TDI para extraer la muestra de análisis. El día que más se publicó en este caso fue el 24 de marzo de 2015 entre las 11.38h de la mañana y las 23:53h de la noche, de los 105.846 tuits publicados en esa franja temporal, 638 tuits (0,6%) cumplían el criterio de viralización.

<u>3.2. Variables cuantitativas del análisis</u>

Son variables extraídas a partir de las propias métricas de Twitter, tal y como indican Suau-Gomila, Percastre-Mendizabal, Palà y Pont-Sorribes (2017), son las siguientes:

1. Número de seguidores del perfil en el momento de realizar el tuit y en el momento del análisis.

2. Número de siguiendo del perfil en el momento de publicar el tuit y de realizar el análisis.

3. Número de retuits recibido en cada uno de sus tuits, y número de retuits totales recibidos por el perfil.

4. Favoritos recibidos en cada tuit y en total por el perfil.

5. Número de tuits publicados sobre la emergencia.

6. Número de retuits realizados sobre la emergencia.

7. Total de inputs: sumatorio del total de tuits publicados y retuits realizados.

8. Número de etiquetas utilizadas.

9. Número total de menciones realizadas a actores relevantes en la gestión y/o la comunicación de la emergencia.

10. Número total de enlaces compartidos por el perfil.

11.Total de interacciones: sumatorio de etiquetas utilizadas, más menciones relevantes realizadas, más enlaces compartidos.

12. Número total de contenido multimedia (vídeos, *gifs* y archivos de audio) compartidos.

13. Número de tuits con imágenes publicados por el perfil.

14. Total de hiperenlaces utilizados por el perfil: suma del total de contenido multimedia compartido más los tuits con imágenes publicados.

<u>3.3- Análisis de las discusiones influyentes</u>

El análisis de las discusiones influyentes se basa en una reformulación del *Analyse des attentats de Paris sur les réseaux sociaux* elaborado por (Vanderbiest, 2015). En este análisis el autor presenta seis fases de la crisis en redes sociales, estas seis fases semánticas y no temporales de la crisis han sido redefinidas y utilizadas para el análisis cualitativo de la presente investigación. Las fases referidas son las siguientes:

a) Fase de alerta

Es la fase puramente informativa de la emergencia, en consecuencia y desde un marco puramente temporal, es la primera fase que aparece en una situación de riesgo, lo que no implica que sólo aparezca en el inicio de la crisis, ya que cada vez que se descubre nueva información sobre la misma esta fase debe hacer acto de presencia. Por la propia naturaleza intrínseca de esta fase y su tipología significativa los perfiles institucionales y de medios de comunicación deberían aparecer de forma mayoritaria, sin prejuicio de que puedan existir perfiles ciudadanos que también aporten información sobre la emergencia en un momento concreto.

b) Fase emocional

Es la fase en la que se expresan las emociones y sentimientos respecto a la emergencia, la gestión de la misma y cuanto la rodea. Es una fase puramente emocional que aparece en todas las emergencias, ya sea para dar condolencias a las víctimas, expresar la espectacularidad de un fenómeno concreto, etc.

Por la tipología significativa de la fase se encuentran mensajes de los tres actores: públicos/institucionales, mediáticos y ciudadanos, sin embargo, los mensajes ciudadanos deben ser los mayoritarios en esta fase, ya que si bien es positivo que las instituciones y medios de comunicación se acuerden de las víctimas y/o afectados por la emergencia, se considera que su labor no debe ser principalmente emitir mensajes en su memoria, sino gestionar e informar respecto a los acontecimientos intrínsecos a la propia crisis. Mientras que los ciudadanos sí que tienen mayor libertad para expresas sus sentimientos sobre la emergencia al no tener la obligación de gestionar y solucionar la misma.

c) Fase de transición

Esta fase combina las dos anteriores, es decir, se enmarcan en la misma aquellos tuits que contienen información y emoción en un mismo mensaje. Esta fase puede resultar especialmente útil para los medios de comunicación, ya que les permite, por un lado, ampliar o dar nuevas informaciones sobre la emergencia en el momento que estas se conocen, y, por otro lado, recordar y mostrar su solidaridad con los afectados por la emergencia.

d) Fase de racionalización

En esta fase se organiza el ciberespacio en torno a una etiqueta y a elementos del lenguaje comunes, es decir, se ofrece una visión de la emergencia que engloba a una mayoría de ciberperfiles, quedando excluidos aquellas visiones contrarias a la mayoritaria, al estar fuera del "espacio común".

e) Fase de interés

En esta fase se encuentran mensajes cuyo objetivo escapa a las propias necesidades de la emergencia, es decir, no tratan ni de gestionar la crisis, ni de dar información al respecto, ni tan siquiera de mostrar respeto hacia las víctimas. Los mensajes de esta fase persiguen atraer la atención hacia el propio emisor del mensaje para aumentar su popularidad en la red. Entre los tipos de mensaje que se pueden encontrar en esta fase destacan los anuncios, las bromas y/o mensajes humorísticos -habitualmente satíricos-, los montajes audiovisuales, etc.

f) Fase de desestructuración

En el marco de esta fase se localizan mensajes que rompen con la tónica mayoritaria de la conversación al rechazar el punto de vista general sobre la misma. Este rechazo es el que constituye la estructura e identidad de esta etapa.

Más allá del análisis de las fases, para el análisis de las discusiones influyentes también se han tenido en cuenta las siguientes variables cualitativas.

Nivel de la emergencia: a partir de varios criterios como su duración temporal, el volumen de conversación que generan y su gravedad, atendiendo a número de fallecidos, heridos, etc. se han clasificado las emergencias en efímeras, de mediana amplitud o graves.

<u>Categorías de la discusión</u>

Epicentro de la discusión: se trata de identificar y definir el momento en el que se generan más *inputs* entorno a la conversación sobre la emergencia, este marco temporal sin duda coincidirá con el definido para el TDI, lo que permite, por tanto, realizar una definición más precisa de este periodo de tiempo.

Expresión del descontento: se indican aquellas expresiones o palabras clave que expresan de forma explícita malestar por la situación de emergencia, por su gestión o por ambas, se citan textualmente las que se consideran más destacadas.

Temáticas principales: muestra en cada caso la focalización temática general de los mensajes publicados, sirve para conocer sobre qué aspectos de la emergencia se centró la opinión pública en cada uno de los casos investigados.

Resurgimiento de la emergencia: se identifica que sub-emergencias existen en el seno de la emergencia global, junto a la identificación de las temáticas principales, permite observar si la atención sobre la emergencia se ha focalizado en la crisis principal, o si por el contrario, una sub-crisis o crisis secundaria a desviado la atención de la crisis originaria..

4. Resultados

Caso ébola

Para el análisis del *Top Discussion Indicator*, que en el caso del Ébola se focaliza en el día 7 de octubre de 2014, se seleccionaron un total de 283 perfiles. Estos perfiles son los más relevantes de cuantos publicaron en ese período de tiempo en base a tres criterios de selección: la viralización de sus tuits, es decir, que sus mensajes fueran ampliamente difundidos en Twitter, la relevancia *offline* del actor, es decir, que son actores con influencia social y, por último, criterio de representatividad, es decir, que de entre estos 283 perfiles seleccionados hayan actores políticos/institucionales, mediáticos y ciudadanos, para así seguir con la lógica interna del estudio planteado.

 Estos 283 actores seleccionados publicaron 720 tuits, lo que supone un promedio de 2,54 tuits publicados por actor. De los 283 actores que publicaron, 64 (22,62%) son perfiles mediáticos (13 medios de comunicación, 7 blogs, 25 periodistas y 19 comunicadores), 18 (6,36%) son actores públicos (1 organismo público, 0 funcionarios públicos, 11 organismos políticos y 6 personajes políticos), 6 (2,12%) actores de grupos interés (2 empresas, 3 organizaciones sindical/gremial, 1 entidad religiosa), 195 (68,90%) actores ciudadanos (140 tuiteros, 37 ciberactivistas y 18 organizaciones ciudadanas).

En total los 720 tuits que se analizaron en el marco del *Top Discussion Indicator* recibieron 221.682 retuits, lo que supone un promedio de 783,33 retuits por tuit publicado. Además, también recibieron 90.501 favoritos, lo que supone un promedio de 319,79 favoritos. Estos datos ponen de manifiesto la alta viralización de los tuits analizados.

Fase de alerta: tras indagar a través de las siguientes palabras clave y etiquetas: "alerta", "última hora", "informamos", "ampliamos", "en directo", "en vivo", "ahora", "#últimahora", "#directo", "#información", "#España" y "#ÉbolaenEspaña". Únicamente se han encontrado 3 tuits con las etiquetas "#últimahora", "#España" y "#ÉbolaenEspaña" publicados por los perfiles mediáticos Prnoticias, Estrella Digital.es y El Plural, respectivamente, que puedan enmarcarse dentro de esta fase. Por ende, esta fase es poco relevante, lo que pone de manifiesto, que la conversación en Twitter no tuvo un carácter informativo.

Fase emocional: tras buscar con las siguientes palabras claves: "sacrificio", "solidaridad", "vergüenza", "dimisión", "asesinos", "pena", "lucha", "ánimo", "fuerza" y "peligro",se han hallado 227 tuits que pueden enmarcarse dentro de esta fase, lo que, sin duda, pone de manifiesto el carácter emocional de la conversación sobre esta emergencia en Twitter.

Fase de transición: es la fase en la que se combinan la emotividad y la información. Para localizar tuits que puedan enmarcarse en esta fase se han aplicado dos filtros de texto: "#salvemosaexcalibur" y "#anamatodimisión", ya que son dos etiquetas que por sí misma expresan emotividad y una posición respecto a la emergencia; y filtro de usuario, es decir, se buscan los medios de comunicación que publicaron tuits con esas etiquetas. En total los medios de comunicación publicaron 14 tuits con estos hashtags en el marco del Top Discussion Indicator.

Fase de racionalización: el "espacio común" de la conversación en el marco del TDI orbito en torno a la etiqueta "#SalvemosaExcalibur" ya que de los 720 tuits que se publicaron en ese período, 671 tuits (93,2%) lo hicieron bajo esa etiqueta. Lo que pone de manifiesto que desde el principio el foco de interés en Twitter fue Excalibur, la mascota de la cooperante infectada, y no la paciente Teresa Romero.

Fase de interés: en esta emergencia abundan las bromas, los mensajes sarcásticos y las duras críticas que tienen por objetivo atraer la atención hacia el propio emisor de las mismas. Son publicadas principalmente por perfiles ciudadanos tanto de tuiteros como de ciberactivistas. Algunos ejemplos:

Imagen 1: Mensaje que se enmarca en la fase de interés.

Imagen 2: Tuit de un actor político que busca llamar la atención.

Fase de desestructuración: aparecen escasos tuits en los que se crítica la especial atención "foco de interés" que se ha puesto en el caso del perro de Teresa Romero, estos son algunos ejemplos:

Imagen3: Tuit crítico con el "espacio común" de la conversación.

Imagen 4: Tuit que ahonda en la dicotomía entre humanismo y animalismo.

Nivel de la emergencia: es una crisis que podemos considerar de mediana amplitud, con potencialidad para haberse convertido en una crisis grave. La consideramos de mediana amplitud porque se prolongó casi dos meses en el tiempo y porque tuvo dos víctimas mortales Manuel García y Excalibur, una persona contagiada que sufrió daños y prejuicios, Teresa Romero, y, además, una víctima política, la ex Ministra de Sanidad, Ana Mató. Asimismo, se considera potencialmente grave porque puso en peligro al conjunto de la población española, es decir, a alrededor de 47 millones de personas.

Epicentro de la discusión: el epicentro de la discusión se produce en los días 6 y 8 de octubre de 2014, siendo el día 8 el de mayor actividad.

Expresión del descontento: se expresa de forma clara y mayoritaria, como demuestra el uso generalizado de la etiqueta "#AnaMatoDimision". De hecho, uno de los aspectos más relevantes es que el descontento en esta emergencia se focaliza hacia unos "culpables" claros: Ana Mató y el Gobierno (en general), sin embargo, apenas hay tuits que responsabilicen de forma directa y explícita al Ministerio de Sanidad, a la Comunidad de Madrid, al Partido Popular (el partido en el Gobierno) o contra el presidente del Gobierno Mariano Rajoy Brey.

Temáticas principales: los dos temas más recurrentes durante la discusión fueron las peticiones de salvar a Excalibur, y la petición de dimisión de la Ministra de Sanidad, Ana Mató.

Resurgimiento de la emergencia: en este caso no se puede hablar de sub-emergencias, ya que curiosamente la emergencia secundaria "el caso de Excalibur", eclipsa a la emergencia principal u originaria "el contagio de Teresa Romero". Por lo que no podemos hablar de resurgimiento de la emergencia, ya que esta emergencia secundaria es el "núcleo de interés" de la emergencia, según apunta la discusión en Twitter.

Caso Germanwings

El segundo caso de análisis fue la emergencia del accidente del vuelo 9525 de Germanwings, donde el avión de esta compañía alemana, que despegó del aeropuerto de Barcelona-El Prat y que tendría como destino el de Düsseldorf, se estrelló en los Alpes franceses de Provenza el 24 de marzo de 2015 alrededor de las 10:30 horas, con 150 personas a bordo, de las cuales no hubo sobrevivientes. Las investigaciones concluyeron que el accidente fue causado intencionadamente por el copiloto del avión.

Durante el periodo de recolección de información, se generó un universo de datos con 235.829 *inputs* de las discusiones en Twitter, con las palabras clave "#Germanwings", referente al nombre de la compañía, "#4U9525", referido al número oficial del vuelo, "Dusseldorf", la ciudad destino del vuelo siniestrado y "Estrop", alusivo al pico Tête de l'Estrop, en cuyas cercanías se estrellara el aparato.

En el marco del TDI del caso Germanwings, situado el día 24 de marzo entre las 11.38h y las 23.53h se han seleccionado a los 30 perfiles más relevantes de cuantos publicaron en ese período de tiempo en base a tres criterios: la viralización de sus tuits, es decir, que sus mensajes fueran ampliamente difundidos en Twitter, la relevancia *offline* del actor, es decir, que sean actores con influencia social y, por último, criterio de representatividad, se ha tratado que entre estos 30 perfiles seleccionados hubieran actores políticos/institucionales, mediáticos y ciudadanos, para así seguir con la lógica interna del estudio planteado.

De estos 30 perfiles seleccionados 18 (60%) corresponden a actores mediáticos (todos ellos de medios de comunicación); 5 (16,67%) son actores públicos 3 de ellos (60%) son organismos públicos; 1 de ellos (20%) es un actor político; y 1 (20%) es un organismo político. Los 7 perfiles restantes (23,33%) corresponden a actores ciudadanos (5 de estos perfiles (71,43%) son de tuiteros y 2 (28,57%) de organizaciones ciudadanas).

Fase de alerta: de los 636 tuits que componen el *Top Discussion Indicator*, 120 tuits corresponden a la fase de alerta. Para buscar los tuits que componen esta fase se han introducido las siguientes palabras clave y etiquetas en la base de datos: "alerta", "última hora", "ampliamos", "en directo", "en vivo", "ahora", "corrección", "mapa", "detalles", "urgente", "gráfico", "#alerta", "#últimahora", "#endirecto", "#envivo", "#ahora", "#urgente", "#ampliamos" y "#gráfico". Estas son las palabras clave y hashtag que se suelen utilizar en esta emergencia cuando se quiere facilitar a los usuarios nueva información sobre el caso. Es una fase que se inicia de forma temprana ya que el primer mensaje de estas características aparece a las 11.45h y se mantiene de forma constante durante todo el periodo del TDI.

Cabe destacar que los perfiles que no pertenecen a grandes medios de comunicación sino a plataformas alternativas como (*Actualidadrt, Sportsocialclub,* entre otros) son los que tienen mayor tendencia a rotular las nuevas informaciones que surgen sobre el caso, con cabeceras como "Última hora" o "Alerta".

Fase emocional: En esta fase aparecen principalmente muestras de apoyo de personas físicas, aunque también hay instituciones que expresan sus condolencias como los partidos políticos y ministerios como el Ministerio de Empleo, entre otros. Sin embargo, destacan los mensajes de deportistas y celebridades como cantantes o actores, y también el de algunos políticos como Miguel Àngel Revilla, presidente de Cantabria, quien es el primer actor público en emitir un tuit de esta índole a las 11.49h, entre otros.

Esta fase tiene dos momentos clave las primeras horas tras el accidente y las últimas horas del mismo día (24/03/2015). Para buscar los mensajes de esta fase se han utilizado las siguientes palabras clave: "DEP", "condolencias", "pésame", "apoyo", "minuto de silencio", "homenaje", "solidaridad", "respeto", "ánimo" y "fuerza". En total han aparecido 141 tuits que contengan alguna de estas *keywords*.

Fase de transición: para analizar esta fase se han utilizado las mismas palabras clave que en la fase emocional y se han aplicado sobre los siguientes perfiles mediáticos: *Europa Press Internacional, El Español, RT en Español, El Confidencial, El Huffington Post, El País, Antena 3 Noticias, Antena 3, Informativos t5, ABC.es, El Economista.es, Expansion.com, Noticias Cuatro, El Mundo, RTVE, La Sexta Noticias, La Sexta, el programa de AR, Cadena SER, 24h TVE, Publico.es, El País Catalunya, El Diario.es, Diario SUR, Diario 20 Minutos, Europa Press, El Periódico, 324.cat, Libertad Digital, Formula TV, Revista ¡HOLA!, La Información.com, Sálvame Deluxe, Radio 5, La Voz Libre, La Voz de Galicia, COPE.es, La Vanguardia, Marca, Telecinco y La Opinión de Murcia.*

Entre estos programas y medios de comunicación que son los que mayor impacto tuvieron en el marco del Top Discussion Indicator, en total suman 270 tuits, y se encontraron únicamente 3 tuits con las palabras clave especificadas en la fase emocional, lo que pone de manifiesto que, durante el TDI, esta fue una fase prácticamente inexistente.

Fase de racionalización: durante las primeras horas de la emergencia la comunicación orbita en torno a la etiqueta "#germanwings", y se informa únicamente de lo acontecido y se transmiten mensajes de condolencias. Sin embargo, a las 12.53h el perfil de (jose joaquin brotons) realiza el primer tuit crítico con la gestión comunicativa del Gobierno de España. A partir de ese momento, los tuits del espacio común "#germanwings", convivirán temporalmente con los de la fase de desestructuración que se irán imponiendo en las últimas horas del día. Es necesario apuntar que en el marco del TDI, se publican 522 tuits con la etiqueta "#germanwings", lo que supone un 82,07% del total de tuits publicado en el marco del *Top Discussion Indicator*.

Fase de interés: esta fase comienza a aparecer la tarde del día 24/03/2015, perfiles como *El País* (20:17h) cuentan la historia de un equipo de futbol sueco que en el último momento se salvó del accidente, otros perfiles insultan a cargos públicos como Artur Mas u otros responsables de la gestión para atraer la atención hacia ellos (*Juan Cristóbal*, 19:37h), también destaca *El Mundo* (19:08h) presentando el álbum fotográfico del accidente cuando a las 17:25h Emergències de Catalunya había pedido desde su cuenta oficial de Twitter que no se difundieran fotos falsas o no, de restos del avión.

Fase de desestructuración: como se ha indicado anteriormente, esta fase comienza a parecer a partir de las 12:53h del día 24/03/2015 y se prolonga a lo largo de todo el TDI, pero empieza a cobrar relevancia a partir de las 15:20h. En esta fase se rompe el espacio común y la conversación deja de tratar sobre el propio accidente, para pasar a orbitar entorno a cuestiones colindantes de la emergencia como: la gente que protesta por la cancelación del programa televisivo *MHyV*, como consecuencia del accidente; los insultos a las víctimas catalanas; que la Generalitat habilitará un teléfono de información para los familiares de las víctimas de pago; y por último, críticas a la cobertura mediática del caso. Buscando con las siguientes palabras clave y hashtags: "#mhyv", "#periodismo", "mal", "miseria", "denuncia", "asco", "catalanes", "tonto", "chistosos", "odio", "vergüenza", "mofa", "broma", "gentuza", "mhyv" y "periodismo", han salido 85 tuits que contienen alguna de estas palabras clave.

<u>Niveles de la emergencia</u>: Es una crisis grave en cuanto a impacto humano debido a que tuvo un elevado número de víctimas. Sin embargo, es una

crisis de mediana amplitud en relación a la condición temporal ya que se trata de un accidente imprevisto cuyo foco de interés se concentra en unos 11 o 12 días en un único punto de actividad que es la zona del accidente (los Alpes franceses). Además, es una crisis que únicamente tuvo un pequeño resurgimiento de una subemergencia, eso sí, esta crisis contó con una amplia cobertura mediática.

<u>Epicentro de la discusión</u>: El epicentro de la discusión se produce el día del accidente (24/03/2015) entre las 11.30h y las 23.45h, aunque concretando algo más, se debe señalar que el mayor volumen de conversación se localiza ese día entre las 11.38h y las 17.00h, en ese periodo se publican 441 tuits de los 636 que se publicaron durante el TDI. Es decir, un 69,34% de la conversación sobre la emergencia durante el día que más inputs se registraron se produjo entre las 11.38h y las 17.00h.

<u>Expresión del descontento</u>: el descontento se expresa en las etapas derivadas de la fase de alerta, es decir, una vez los usuarios conocen el alcance de la emergencia y evalúan su gravedad. El descontento se manifiesta de forma clara y mayoritaria en los subtemas que orbitan entorno a la propia emergencia: teléfono de pago de la Generalitat, polémica respecto a la cancelación de *MHyV* de *Telecinco*, catalanofobia en Twitter y cobertura mediática del caso. Sin embargo, también hay alguna expresión del descontento respecto a la gestión de la propia emergencia, aunque son muy minoritarias, se crítica por ejemplo que el aeropuerto de Barcelona permitiera grabar a los familiares.

Imagen 5: Críticas a la Generalitat por el número habilitado.

Imagen 6: Críticas a la cobertura mediática.

<u>Temáticas principales</u>: el tema principal es la propia emergencia y los nuevos datos que conforme van pasando las horas y los días se van conociendo: que no hay supervivientes, la nacionalidad de las víctimas, que no fue un atentado terrorista (como se especula que podría ser en un primer momento), el hecho de que fue un acto premeditado del copiloto Andreas Lubitz como se publica en los tuits del 06 de mayo de 2015, etc. La conversación también orbita entorno a las condolencias y a la solidaridad que personas físicas (públicas y anónimas) e instituciones y medios de comunicación expresan en Twitter hacia los amigos y familiares de las víctimas. Como temáticas secundarias, pero también relevantes, se generan las conversaciones sobre la catalanofobia que refleja el accidente de Germanwings, la polémica con el programa de Telecinco aplazado a causa del accidente y las críticas hacia la cobertura, sobretodo, pero también a la gestión de la emergencia.

<u>Resurgimiento de la emergencia</u>: la emergencia tiene tres ligeros repuntes, que, además, dos de ellos, suponen también críticas a la gestión de la emergencia en su fase final, la de resarcir y satisfacer a las víctimas para evitar causar más dolor.

Comparativa de los dos casos

El análisis del caso del Ébola en España ha alcanzado a un total de 41.375.307 millones de usuarios únicos de Twitter, de entre estos usuarios se observa como uno de los temas que causaron mayor interés fue el sacrificio del perro Excalibur, la mascota de la auxiliar de enfermería, Teresa Romero.

Como muestran los datos, la etiqueta más usada fue "#salvemosaexcalibur", seguido por "#anamatodimisión" y "#ebolaenespaña", estos datos muestran que la tendencia de la conversación en torno a este caso se desarrolló alrededor de dos ejes: la preocupación por la mascota de Teresa Romero y el descontento ciudadano hacia la gestión del asunto por parte del Ministerio de Sanidad, Servicios Sociales e Igualdad.

Otro dato relevante, es que a pesar de que el contagio se confirmó el día 6 de octubre, los puntos álgidos de la conversación, es decir, los días de mayor actividad en Twitter son los días 7 y 8 de octubre.

En referencia al caso de estudio del accidente aéreo de Germanwings, el análisis cuantitativo ha alcanzado a un total de 82.705.105. En este caso la etiqueta más empleada fue "#germanwings", un hashtag que no permite valoraciones sobre el contenido de los mensajes al ser genérico y poder aglutinar en torno al mismo múltiples mensajes con diferentes tonos y contenidos.

A diferencia de lo que sucede en el caso del Ébola, el día 24 de marzo que fue el día del accidente, es la fecha de mayor actividad en Twitter; además, esta actividad decae de forma rápida, así pues, el día 29 de marzo, sólo cinco días después del accidente, la conversación que se produce en torno a este caso en Twitter es de baja intensidad. Esto también ocurre en el caso del Ébola, lo que pone de manifiesto uno de los elementos claves de esta red social: la inmediatez.

En el marco de lo que se ha definido como *Top Discussion Indicator*, que identifica al momento clave de la discusión, es decir, aquel marco temporal en el que se publicaron más tuits sobre un acontecimiento concreto, se han obtenido los siguientes resultados.

 En el caso del Ébola, el TDI se sitúa en el7 de octubre de 2014; en total se analizaron 283 perfiles que habían publicado ese día algún tuit sobre la emergencia con más de 50 retuits y 10 favoritos, lo que en total supuso el análisis de 720 tuits.

De los 283 actores que publicaron, 64 (22,62%) son perfiles mediáticos (13 medios de comunicación, 7 blogs, 25 periodistas y 19 comunicadores), 18 (6,36%) son actores públicos (1 organismo público, 0 funcionarios públicos, 11 organismos políticos y 6 personajes políticos), 6 (2,12%) actores de grupos interés (2 empresas, 3 organizaciones sindical/gremial, 1 entidad religiosa) y 195 (68,90%) actores ciudadanos (140 tuiteros, 37 ciberactivistas y 18 organizaciones ciudadanas). Este resultado pone de manifiesto que en esta emergencia fueron los perfiles ciudadanos los que lograron dar mayor visibilidad a sus mensajes, generando así, la mayoría de los tuits más viralizados.

Centrándose en la visibilidad de los tuits analizados, se debe destacar la alta viralización de estos contenidos, puesto que, de los 720 tuits analizados, recibieron 221.882 retuits y 90.501 favoritos, lo que supone un promedio de 783,33 retuits y 319,79 favoritos por tuit publicado. A pesar de que fueron 283 perfiles los que publicaron estos 720 tuits, resulta destacable el hecho de que únicamente 14 perfiles, es decir el 4,95% del total de actores, lograron difundir 233 tuits entre los más viralizados, lo que supone el 32,36% del total obtenido por el *Top Discussion Indicator*.

Además, conviene subrayar que entre estos 14 perfiles que lograron dar visibilidad de forma más efectiva a sus contenidos, no hay algún medio de comunicación ni alguna institución pública. Estos 14 perfiles fueron los siguientes: (33) "PACMA", (28) "Juan Miguel Garrido", (24) "Juanfran Escudero", (23) "EsppeonzAguirre", (18) "EcoRepublicano", (15) "No Soy Del PP", (15) "Albert#PaísValencià", (13) "DRY Madrid", (12) "Almeida", (11) "José Manuel Corrales", (11) "Gonzalo Semprún", (10) "Excalibur can", (10) "Subversivos" y (10) "Juan A. Torres".

En cuanto a las interacciones entre usuarios resulta significativo el hecho de que 243 actores de los 283 que publicaron en el TDI, no usaron en ninguna de sus publicaciones el identificador de usuario arroba (@); esto significa que el 85,86% de los actores no mencionaron directamente a ningún otro perfil, lo que denota a su vez, que la conversación en Twitter sobre la emergencia no fue efectiva, al no "escucharse" entre ellos mismos e interactuar con otros usuarios.

Relevante es también el hecho de que de los 63 perfiles mediáticos que difundieron tuits sobre la emergencia, 58 de ellos, es decir el 92,06%, lo hizo sin utilizar menciones, ya que el uso de menciones y referencias a otros actores es fundamental en la labor periodístico-informativa en Twitter, en consecuencia, su escaso uso en este colectivo manifiesta una deficiencia en su grado de conocimiento sobre el uso adecuado de esta posibilidad en Twitter.

En referencia al uso de enlaces, debemos apuntar que 203 (71,73%) actores de los 283 que publicaron en el contexto del TDI, no compartieron enlaces externos. Además, 378 (52,50%) tuits de los 720 que se publicaron, se difundieron sin compartir enlace alguno. De los perfiles mediáticos, destaca que 37 (58,73%) de los 63 que publicaron no compartieron ningún enlace externo.

En el caso de los actores públicos, 11 (61,11%) de los 18 que publicaron lo hicieron sin compartir enlaces. El hecho de que en el marco de los dos grupos con la obligación social de informar a la ciudadanía (medios de comunicación e instituciones públicas), menos del 50% de sus perfiles compartieran enlaces externos, es decir, que ampliaran la información facilitada en el tuit, aunado a que los ciudadanos fueron los que lograron más viralidad en sus contenidos, pone de manifiesto que la conversación sobre la emergencia giró más sobre opiniones, apreciaciones y juicios de valor, que sobre datos objetivos de la emergencia, es decir, sobre la información contrastada.

También conviene destacar el hecho de que, en referencia al total de hiperenlaces compartidos, es decir, al sumatorio de los contenidos multimedia y las imágenes compartidas, 114 (40,28%) actores no compartieron algún hiperenlace en sus 165 (22,92%) tuits. 115 (40,64%) actores compartieron 1 hiperenlace en sus publicaciones, en total difundieron 157 (21,81%) tuits. 47 (16,61%) actores compartieron entre 2 y 9 hiperenlaces, en total publicaron 247 (34,31%) tuits, y finalmente 7 (2,47%) actores que compartieron 10 o más hiperenlaces, publicaron 151 (20,97%) tuits.

En referencia al análisis cualitativo, debemos destacar que el espacio común se construye entorno al *hashtag "SalvemosaExcalibur"*, además, se detecta una escasa relevancia de la fase de alerta que cede ante la fase emocional, es decir, dominio de la emotividad frente a la información; y una fase de desestructuración en las que se producen críticas de carácter similar, resaltando que tiene mayor importancia la vida de un perro que la vida de las personas.

En el marco del TDI del caso Germanwings, situado el día 24 de marzo entre las 11:38 y las 23:53, se han seleccionado a los 30 perfiles más relevantes de cuantos publicaron en ese período de tiempo, en base a tres criterios: la viralización de sus tuits, es decir, que sus mensajes fueran ampliamente difundidos en Twitter, la relevancia *offline* del actor, es decir, que sean actores con influencia social y, por último, el criterio de representatividad, procurando que entre estos 30 perfiles seleccionados hubieran actores políticos/institucionales, mediáticos y ciudadanos, para así seguir con la lógica interna del estudio planteado.

Entre los 30 perfiles mencionados, en total publicaron 205 tuits, en el periodo resultado del *Top Discussion Indicator*. Los actores que más publicaron fueron los siguientes: *RT en Español* (53 tuits), *El País* (39 tuits), *El Mundo* (25 tuits), *ABC* (21 tuits) y *El Confidencial* (11 tuits). De los 5 perfiles que publicaron más de 10 tuits en el TDI, todos corresponden a perfiles de medios de comunicación. En total, entre todos ellos publicaron 149 tuits, lo que supone el 72,68% de los inputs seleccionados, lo que pone de manifiesto que, al contrario que en el caso del Ébola, los medios de comunicación supieron situar sus publicaciones en el momento álgido de la conversación en Twitter.

En cuanto al uso de las herramientas que ofrece Twitter para focalizar las conversaciones, se observa cómo, 27 de los 30 perfiles (90%) utilizaron alguna etiqueta. Los únicos 3 perfiles (10%) que no utilizaron etiquetas fueron: *El País Catalunya, El món RAC1 e Informativos T5*. Ello resulta sorprendente ya que una de las necesidades de los medios de comunicación es focalizar y dar visibilidad a sus contenidos; una labor para la cual el uso del símbolo de almohadilla como identificador de las etiquetas (#), resulta de gran ayuda. En cuanto al uso de menciones a través del identificador de usuario con el símbolo de arroba (@,) para referenciar y/o hacer participé de la conversación a otros usuarios, fue un recurso escasamente empleado, de hecho, entre los 205 tuits que se analizaron en total, únicamente se realizaron 8 menciones relevantes, lo cual enlaza con lo expuesto en este punto en el caso del Ébola.

En referencia al uso de enlaces para ampliar la información, los 30 perfiles analizados compartieron un total de 173 enlaces, lo que supone un uso intensivo de este recurso. 19 perfiles (63,33%) compartieron algún enlace durante la emergencia, mientras que 11 actores (36.67%) no compartieron algún enlace en el contexto del TDI. Entre los perfiles que no compartieron algún enlace, destacan los de: la Policía Nacional, *VOSTcat*, el Ministerio de la Presidencia y *El món RAC1*, ya que los dos primeros son actores públicos, y el último, es un actor mediático, los cuales debieron haber aportado información relevante a la ciudadanía, para lo cual, el enlace es una herramienta óptima para cumplir este objetivo. Respecto al total de hiperenlaces, es decir, a la suma total de archivos multimedia e imágenes publicadas, se observa que 10 (33,33%) actores no compartieron ningún hiperenlace y 20 perfiles (66,67%) publicaron hiperenlaces, lo que supone un uso elevado de este recurso expresivo.

En cuanto al estudio cualitativo, es necesario aclarar que las dos fases que más destacan son: la fase emocional y la fase de alerta. Además, el eje vertebrador de la conversación es la etiqueta "Germanwings", el 82,07% de los tuits publicados, contienen esta etiqueta, el uso de este hashtag es heterogéneo, se emplea tanto en tuits informativos, como en emocionales, críticos, etc.

Conviene destacar que es una emergencia con una fase de transición prácticamente inexistente, ya que tan sólo 3 tuits corresponden a esta fase, lo que supone un 0,47% del total del TDI. Además, la fase de interés está marcada por los medios de comunicación que sin respetar las recomendaciones de Emergències de Catalunya o *VOSTcat*, publican imágenes del accidente y de los familiares y amigos de las víctimas en el aeropuerto del Prat.

En cuanto a la fase de desestructuración, se observa como se desvía la atención de la temática principal de la emergencia, para tratar temas colindantes como son: "cancelación *MHyV*", insultos a las víctimas catalanas, la cobertura mediática del caso y el teléfono de pago habilitado por la Generalitat de Cataluña, en el caso de los tuits que componen TDI.

Conclusiones

Es posible concluir que los medios de comunicación convencionales continúan ejerciendo un papel de difusión, también en *social media*, relevante por su elevada audiencia. En la crisis del Ébola, la audiencia total máxima directa durante el periodo de la crisis, de todos los actores mediáticos que participaron fue de 15.929.489 seguidores. Mientras que los institucionales en suma tuvieron 257.544 *followers*. Por su parte, en la emergencia de Germanwings, los actores mediáticos que participaron en la conversación sobre el caso tenían 18.319.069 seguidores. Mientras que los perfiles institucionales contaban con 5.068.345 seguidores.

Estos datos ponen de manifiesto la relevancia que continúan teniendo los perfiles de Twitter de los denominados *old media* en las redes sociales digitales, ya que en la línea de lo argumentado por Castells (2006) siguen siendo los actores legitimados socialmente para transmitir información a la ciudadanía.

Por otra parte, se detectó una escasa participación de aquellos perfiles institucionales no implicados directamente en la gestión comunicativa en redes sociales digitales. Los perfiles generales de las instituciones como el Gobierno de España, los ministerios gubernamentales, el Gobierno de la Generalitat o el de otras autonomías implicadas, no participan en la conversación sobre las emergencias. Ni siquiera haciendo retuits de organismos de las que dependen las mismas instituciones ni tampoco de otros perfiles institucionales. En este sentido, se consideran destacables algunas excepciones como los *posts* en Facebook publicados por Mariano Rajoy, presidente del Gobierno español o por la Comisión Europea en el caso del accidente aéreo de Germanwings.

Otra de las conclusiones a las que es posible llegar es que se detecta un cierto desconocimiento de las herramientas de Twitter y Facebook, sobre todo en lo referente al uso de menciones, especialmente por parte de los actores mediáticos e institucionales. En referencia al uso de menciones en Twitter, los datos demuestran que, en el caso de los perfiles mediáticos, el 84,4% no hicieron uso de ellos en sus publicaciones sobre la emergencia sanitaria del Ébola en España. El 50% no los usaron en sus *inputs* acerca de la conversación sobre el accidente aéreo de Germanwings. Datos ligeramente más positivos se encuentran en el caso de los actores institucionales, ya que, sumando los resultados obtenidos de los tres casos, resulta que en total el 60,1% de los perfiles institucionales que participaron en las conversaciones de estas emergencias, lo hicieron sin utilizar menciones en sus tuits.

En las crisis de Germanwings y del Ébola en España, se producen sub-emergencias o temáticas secundarias que eclipsan la emergencia principal. En la crisis del Ébola en España se hace patente esta subyugación de la emergencia principal a temáticas colindantes del propio caso como demuestra el hecho de que las dos etiquetas más usadas en este caso fueran: *"#SalvemosaExcalibur"* y *"#AnaMatodimisión"*. Es decir, la mayor parte de la conversación orbitó entorno a dos cuestiones colaterales de la crisis y no sobre la auxiliar de enfermería contagiada, o sobre la propia llegada de una enfermedad como el ébola a España.

5. Bibliografía

- Beck, U. *La sociedad del riesgo*. Barcelona: Paidós, (1998).

- Beck U. *La sociedad del riesgo global*. Madrid: Siglo Veintiuno de España Editores, (2002).

- Bentivegna, S. (2012) Tra conformismo e attivismo comunicativo. I parlamentari arrivano su Facebook. En Bentivegna, S. (Ed.) *Parlamento 2.0. Strategie di comunicazione politica in internet* (pág.91-115). Franco Angeli. Milán.

- Bruns, A., Burgess, J., Crawford, K., & Shaw, F. (2012). #qldfloods and @QPSMedia: Crisis communication on Twitter in the 2011 South East Queensland floods. Brisbane: ARCCentre of Excellence for Creative Industries and Innovation. Retrieved from http://cci.edu.au/floodsreport.pdf

- Castells, M.. *The Rise of the Network Society, The Information Age: Economy, Society and Culture Vol. I*. Oxford: Blackwell, (1996).

- Giansante, G. (2015) *La comunicación política online*. Editorial UOC. Barcelona.

- Gil Calvo, E.. El miedo es el mensaje. Riesgo, incertidumbre y medios de comunicación. Madrid: Aliaza Editorial, 2004. Interactive Advertaising Bureau (2016) Estudio Anual de Redes Sociales. Consultado en: http://www.iabspain.net/wp-con-tent/uploads/downloads/2016/04/IAB_EstudioRedesSociales_2016_VCorta.pdf

- Percastre-Mendizabal, S. J., Pont-Sorribes, C. y Codina, L. (2017). Propuesta de diseño muestral para el análisis de Twitter en los ámbitos de la Comunicación Política. *El Profesional de la Infor-*

mación (aceptado para su publicación en el v. 26, n. 4, de julio-agosto).

- Pont, C. (2013) *Comunicar las emergencias*. Barcelona: Editorial UOC.

- Pont-Sorribes, Carles; Codina, Lluís; Pedraza-Jimenez, Rafael (2009). "Comunicación de riesgo y sistemas de información en la web: cinco modelos". *El profesional de la información,vol. 18*, n.º 4, p. 389–397.

- Suau-Gomila, G., Percastre-Mendizabal, S., Palà, G., y Pont, C. (2017) Análisis de la comunicación de emergencias en Twitter. El caso del Ébola en España. En: Sierra, J. y Liberal, S. *Uso y Aplicación de las Redes Sociales en el Mundo Audiovisual y Publicitario*. (119-130). Madrid (España): McGrawhill Education. ISBN: 9788448613570.

CAPÍTULO V

ANÁLISIS DE REDES SOCIALES DIGITALES EN CASOS DE EMERGENCIA: UNA PROPUESTA METODOLÓGICA PARA SU ESTUDIO

Guillem Suau Gomila
Salvador José Percastre Mendizábal
Carles Pont Sorribes
Universitat Pompeu Fabra

1. Introducción

El objetivo principal de este proyecto es analizar como las instituciones y los medios de comunicación comunican las emergencias a través de los *social media*. Los medios sociales por sus propias características (inmediatez, horizontalidad y sencillez) permiten la comunicación instantánea de situaciones de riesgo. Esto trae consigo algunos desafíos como: la rápida difusión de "bulos" o informaciones poco contrastadas, la pérdida del control de la información por parte de instituciones y medios y un considerable aumento de la capacidad ciudadana de hacer llegar sus críticas a los gestores de la emergencia. Sin embargo, utilizadas de forma adecuada, las redes sociales digitales pueden suponer una oportunidad para: advertir rápida y eficazmente a la población de una situación de riesgo, viralizar esa información para que llegue al mayor número de ciudadanos posibles, capacidad para responder de forma inmediata a las dudas de los ciudadanos generando un *engagment* positivo, entre otras oportunidades.

Por ello, se ha considerado necesario analizar la comunicación de emergencia en redes sociales en tres emergencias de diferentes escalas: una emergencia de alcance internacional, una emergencia nacional y una emergencia de carácter local. Esto nos permitirá conocer el uso que los gestores de las emergencias y los medios de comunicación hicieron de los *social media*, así como comparar si hay variaciones o no en el caso de emergencias de menor o de mayor alcance.

La finalidad de este capítulo es presentar la metodología que se ha utilizado para llevar a cabo el proyecto "Comunicar en situaciones de emergencia. Herramientas 2.0 y nuevos protocolos en la gestión eficiente de la emergencia". Proyecto competitivo concedido y financiado por la Fundación BBVA.

2. Marco teórico

Actualmente, las barreras entre productores y consumidores de información se han difuminado a causa de la popularización de los *social media* a principios del s. XXI, dando lugar a la figura del productor/consumidor (*prosumer*) (Toffler 1980). Este contexto hipermediatizado, y con múltiples emisores de información, dificulta la gestión de la información de las emergencias.

Las administraciones deben afrontar el reto de destacar sus informaciones en un espacio altamente competitivo, en el que los ciudadanos participan activamente de la difusión de las informaciones (Pont, Codina y Pedraza 2009). Como consecuencia del elevado número de emisores, y de la dudosa fiabilidad de algunos de ellos, existe la percepción ciudadana de que la información de emergencias está a menudo condicionada por el "ruido" que se genera tanto en los medios convencionales, como, y principalmente, en los medios participativos (Suau-Gomila, Percastre-Mendizabal, Palà y Pont-Sorribes 2017).

A pesar de lo expuesto anteriormente, los *social media* deben ser concebidos como una oportunidad para comunicar de forma más efectiva las emergencias, ya que los ciudadanos no se informan únicamente a través de los *old media*, sino también a través de Internet y los *new media* (Murdock, Horlick-Jones y Petts 2001). En este sentido, las redes sociales ayudan a complementar la información, además de permitir una mayor interacción con las propias fuentes de información (Bruns, Burgess, Crawford *et al.* 2012; Hughes y Palen 2009; Mendoza, Poblete y Castillo 2010; Palen, Starbird, Vieweg et al. 2010).

Dada la importancia de las redes sociales digitales en la comunicación eficiente de la emergencia, se propone un modelo metodológico para analizar cómo se informa sobre estas situaciones a través de *social media*, y en concreto, en Twitter. El desarrollo metodológico se ha focalizado en Twitter al ser la red social más útil, en estos casos debido a su estructura abierta para conectar con periodistas, *influencers* y expertos (Giansante 2015).

3. Planteamiento ideológico

El desarrollo metodológico de la investigación es de tipo mixto cuantitativo-cualitativo, el alcance de la investigación es descriptivo con profundidad analítica e interpretativa. La metodología se ha utilizado para analizar los siguientes casos de estudio: 1.- Crisis del ébola en España; 2.- Accidente aéreo vuelo 4U9525 de Germanwings; 3.- Explosión en una planta química de Igualada (Barcelona).

Los datos a analizar se han delimitado a partir de dos criterios: 1.- Criterio temporal, duración de la emergencia, y 2.- A partir de núcleos conversacionales, es decir, las etiquetas y palabras clave que cohesionaron la comunicación sobre cada uno de los casos en Twitter.

Crisis del ébola en España: la recogida del universo de análisis empieza el 25/06/2014, día de la primera activación del protocolo europeo de alerta por ébola en Valencia, y finaliza el 02/12/2014, con la declaración oficial de la Organización Mundial de la Salud (OMS), del fin del brote en España. En referencia a los núcleos conversacionales, los tuits a analizar en el caso del ébola en España se han delimitado seleccionando únicamente aquellos tuits que contenían alguna de estas etiquetas, al ser las más utilizadas en la conversación sobre el caso: *#SalvemosaExcalibur* (508.124 apariciones), *#AnaMatoDimision* (451.711 apariciones), *#EbolaenEspana* (252.570 apariciones), *#VamosaMorirTodos* (87.938 apariciones), *#TeresaRomero* (29.172 apariciones), *#TodosSomosTeresa* (25.627 apariciones) y *#JavierRodriguezDimision* (23.966 apariciones). En total, entre el 25 de junio y el 2 diciembre de 2014, las etiquetas analizadas registraron 1.098.526 apariciones.

Accidente aéreo vuelo 4U9525 de Germanwings: el universo de análisis comienza el 24/03/2015, día del accidente, y finaliza el 22/07/2015, con las últimas declaraciones oficiales de Lufthansa sobre la indemnización a los familiares de las víctimas. Se han considerado para el análisis aquellos mensajes que contenían algunas de las siguientes etiquetas o palabras clave: *#Germanwings* (195.592 apariciones), *#4U9525* (22.046 apariciones), *Dusseldorf* (18.325 apariciones), y, por último, *ESTROP* (119 apariciones). Lo que suman un total de 236.082 apariciones.

Incendio en la planta química de Igualada (Barcelona): los datos recogen desde el día 12/02/2015 día del suceso, hasta el 16/02/2015, día de la última actualización de la cobertura mediática en directo llevada a cabo por el diario *La Vanguardia*. Se analizaron los tuits que, publicados en este marco temporal, contenían las siguientes palabras clave: *Igualada* (8.255 apariciones) *Les Comes* (180 apariciones), lo que en total suma 8.367 apariciones.

En este punto se deben aclarar dos cuestiones relevantes: 1.- Por apariciones se entiende tuits únicos que contengan alguna de las etiquetas o palabras clave utilizadas para construir el universo de análisis en cada uno de los tres casos. 2.- Si las sumas de las apariciones por etiquetas y palabras clave dan un resultado mayor al total de apariciones y/o tuits únicos es debido a que evidentemente hay tuits que contienen más de uno de estos indicadores, y, en consecuencia, se han contabilizado más de una vez.

Estos primeros datos obtenidos mediante etiquetas y *keywords* se filtraron para que se ajustaran al objeto de estudio. Con esta finalidad, se eliminaron tuits *off topic*, es decir, que a pesar de contener alguna de las etiquetas o palabras clave no trataban sobre el caso concreto de estudio. También se descartaron aquellos mensajes cuya geolocalización indicará que no habían sido publicados en el Estado español. Por último, para los usuarios anónimos (perfiles ciudadanos) se obviaron también los tuits que no se publicaron en catalán o castellano. Sin embargo, este filtro no se aplicó en el caso de las instituciones públicas encargadas de la gestión comunicativa de la emergencia, al considerar relevante para el análisis conocer si publicaron en alguna lengua extranjera o no. Tras refinar el universo de análisis mediante los criterios definidos anteriormente se estableció lo siguiente:

Igualada: la conversación global sobre el caso consta de **7.230 tuits únicos** publicados y no de 8.367 tuits como indicaban los datos iniciales.

Germanwings: los datos iniciales apuntaban a un total de 236.082 tuits publicados. Sin embargo, tras aplicar los filtros indicados se determinó que el total de publicaciones es de **234.508 tuits** publicados.

Ébola: los datos pre-filtrados arrojaban **1.098.526 tuits** en torno al caso. Tras filtrar estos primeros datos se obtuvieron un total de 1.088.749 tuits sobre la emergencia.

La suma de los tres casos da un total de **1.330.487 tuits únicos** a analizar (universo de análisis). Sobre estos tuits se ha realizado el nivel 1 de la investigación: el universo de análisis.

3.1. Nivel 1 de la investigación. El universo de análisis.

El nivel (1) consiste en analizar a un número reducido de actores seleccionados previamente, sobre el total del universo de análisis. El estudio se ha planteado siguiendo el corpus teórico de la comunicación política e institucional desarrollado por Wolton (1990), Norris (2000), Canel (2006), Chadwik (2006) y Mazzoleni (2010), según los cuales se entiende que la interacción comunicativa se produce en torno a tres tipos de actores o grupos de actores principales: actores políticos, actores mediáticos y ciudadanos. Siguiendo esta lógica, los actores que se han seleccionado para cada uno de los tres casos de estudio correspondían a una de estas tres categorías. No obstante, se debe destacar que el estudio ha puesto especial énfasis en los actores públicos y mediáticos, al ser quienes tienen la obligación de informar sobre las emergencias (Pont, 2013). Estos actores se han identificado de la siguiente manera en el análisis: actores mediáticos relevantes, actores públicos relevantes, actores relevantes de grupos de interés y actores ciudadanos.

En cada uno de los casos, los investigadores seleccionaron previamente a estos actores valorando cuestiones como su relevancia *offline*, los índices

de audiencia, tirada u oyentes (en el caso de los perfiles mediáticos), y
también, se tuvo en cuenta su relevancia *online*, medida a partir del número de seguidores en Twitter. Otro criterio que se valoró fue el de diversidad y representación plural, es decir, en el caso de los perfiles institucionales y de grupos de interés, se trató de que hubiera cuentas de Twitter pro-gobierno, neutrales y contrarios al gobierno, para evitar el sesgo ideológico del análisis. En el caso de los actores mediáticos, se buscó una cierta representación ideológica, es decir, medios y comunicadores con líneas editoriales progresistas, de centro y de derechas, y también, se pretendió lograr la representatividad de los diferentes tipos de medios: televisión, radio, periódico, revista, agencia informativa, portal web y blog (Suau-Gomila, Percastre-Mendizabal, Palà *et al.* 2017).

Caso Ébola en España:

Perfiles mediáticos analizados: *Muy Interesante, El País, MTV España, Marca, El Mundo, Mundo Deportivo, Cosmopolitan España, AS, ¡Hola!, Vogue España, Antena 3, RTVE, Los 40 Principales, 20 Minutos, Agencia EFE, Telecinco, Público.es, Cadena Ser, La Sexta, Europa Press, La información.com, Vanity Fair España, Canal 24 Horas, La Vanguardia Cuatro, El Confidencial, El Diario.es, El economista.es, Diario Expansión, Europa FM, La 1 de TVE, El Periódico de Catalunya, La 2 de TVE, Cinco Días, La Razón, Radio Nacional de España, Onda Cero, Blog de Economía.*

En cuanto a los perfiles mediáticos, se analizaron un total de 39 en el caso del ébola. De estos 39 perfiles de medios de comunicación, 26 perfiles son de información general, 3 de economía, 3 de deportes, 3 de música, 2 de moda, 1 de variedades y 1 de moda. De estos 39 perfiles mediáticos, 35 tienen su sede principal en la ciudad de Madrid y los 4 restantes en la ciudad de Barcelona. De los 39 perfiles mediáticos analizados, su medio de origen corresponde a: 13 periódicos; 9 cadenas de televisión; 5 radios; 5 revistas, 5 sitios web y 2 agencias informativas. En relación a la línea editorial, de estos 39 medios analizados hay 10 con una línea editorial progresista, 10 próximos al centro y 19 conservadores. Además, 32 de estos medios provienen del sector privado y 6 del sector público.

Perfiles públicos analizados: Representación de la Comisión Europea en España; Mariano Rajoy Brey. Presidente del Gobierno y del Partido Popular; Vicepresidencia del Gobierno. Ministerio de la Presidencia; Soraya Sáenz de Santamaría. Vicepresidenta, ministra de la Presidencia y Portavoz del Gobierno; Ministerio del Interior; Ministerio de Asuntos Exteriores y de Cooperación; Ministerio de Defensa; Ministerio de Justicia; Ministerio de Sanidad, Servicios Sociales e Igualdad; Cuerpo Nacional de Policía; Guardia Civil; Ejército de Tierra; Oficina de Comunicación del Ejército del Aire; Unidad Militar de Emergencias; Comité Especial para la gestión de la enfermedad por el virus del Ébola. Gobierno de España. Ana Mato Adrover. Ministra de Sanidad, Servicios Sociales e Igualdad; Centro de Investigación Biomédica en Red. Instituto de Salud Carlos III, Centro de Investigación Biomédica en Red de Epidemiología y Salud Pública (CIBERESP), dependiente del Instituto de Salud Carlos III; Centro de Investigación Biomédica en Red de Enfermedades Raras (CIBERER), dependiente del Instituto de Salud Carlos III; Hospital Universitario La Paz; Servicio de Medicina Intensiva del Hospital Universitario Puerta de Hierro; Consejo Superior de Investigaciones Científicas; Facultad de Medicina de la Universidad Autónoma de Madrid; Comunidad de Madrid; Servicio multicanal de Atención al Ciudadano de la Comunidad de Madrid; Centro de Emergencias Comunidad de Madrid 112; Protección Civil del Ayuntamiento de Madrid; Gabinete de Información de Emergencias. Ayuntamiento de Madrid; Servicio de Asistencia Municipal de Urgencia y Rescate-Protección Civil del Ayuntamiento de Madrid; Partido Popular; Partido Socialista Obrero Español.

En relación a los perfiles públicos, se analizaron 31 perfiles pertenecientes: 1 al gobierno de la Unión Europea, 4 al sector defensa, 1 a educación, 1 a exteriores, 6 al gobierno, 1 investigación científica, 1 a justicia, 2 partidos políticos, 4 a protección civil, 8 a sanidad y 2 a seguridad pública. La sede principal de los 31 perfiles se encuentra en la ciudad de Madrid. De los 31 perfiles analizados, 25 son actores de alcance territorial estatal y 6 de alcance autonómico. En relación a la ideología tenemos la siguiente muestra: 22 perfiles con ideología pro gobierno, 8 con ideología neutral y 1 con ideología contraria al gobierno. Además, de estos 31 perfiles analizados, 26 corresponden a perfiles de organismos públicos o gubernamentales, 3 a funcionarios públicos y 2 a organismos políticos.

Accidente del vuelo de Germanwings

Perfiles mediáticos analizados: *El País*, Andreu Buenafuente Moreno, Jordi Évole Requena, Risto Mejide Roldán, *El Mundo*, Ana Pastor García, *Antena 3 Noticias, Telecinco, ABC, Antena 3, 20 Minutos, Canal 24 horas, Agencia EFE, Cadena Ser, Cuatro, RTVE, La Sexta Noticias,* Julia María Otero Pérez, *Europa Press, La Sexta*.

Además, y debido a la naturaleza del caso relacionada íntimamente con Cataluña, tanto por el aeropuerto desde el cual salió el vuelo (Barcelona-El Prat), como por el hecho de que buena parte de las víctimas y sus deudos eran catalanes, se ha incluido a los 10 perfiles de medios de comunicación catalanes con mayor número de seguidores en Twitter.

Televisió de Catalunya, Diari Ara, Canal 324, RAC 1, Vila Web, El Punt Avui, Catalunya Radio, Nació Digital, El Periódico de Catalunya, Catalunya Informació. Del total de 30 perfiles mediáticos analizados, 22 corresponden a medios de información generalista, 4 exclusivamente de noticias, 2 de política, 1 de Publicidad y 1 de entretenimiento.

En cuanto a la ubicación de estos medios, 17 se ubican en Madrid, 7 en Barcelona y 6 se ubican en Cataluña. De estos actores mediáticos, 13 tienen como medio de origen la televisión, 6 la radio, 7 el periódico, 2 sitios web y 2 agencias. En cuanto al alcance territorial 20 son estatales y 10 del ámbito autonómico catalán.

En referencia al sector mediático, 6 son perfiles de medios o comunicadores del sector público y 24 del sector privado. En relación con la categorización de los medios, se analizaron 26 perfiles de medios predominantes o *mainstream media*, 2 correspondientes a los *new media* o medios nativos digitales y 2 a los *alternative media* o medios alternativos o no preponderantes. Por último, la línea editorial de estos medios es la siguiente: 13 medios con línea editorial progresista, 8 de centro y 9 conservadores.

Perfiles públicos analizados: Casa de Su Majestad el Rey; Mariano Rajoy Brey. Presidente del Gobierno Español y del Partido Popular; Vicepresidencia del Gobierno y Ministerio de la Presidencia de España; Ministerio del Interior; Ministerio de Defensa; Ministerio de Fomento; Cuerpo Nacional de Policía; Guardia Civil; Oficina de Comunicación del Ejército del Aire; Gobierno de la Generalitat de Cataluña; Difusión de actividad de gencat (Generalitat de Cataluña); Departamento de Interior. Generalitat de Cataluña; Ramón Espadaler i Parcerisas. Consejero de Interior de la Generalitat de Cataluña; Dirección General de Proyección Civil. Generalitat de Cataluña; 012 Atención Ciudadana. Generalitat de Cataluña; Centro de Atención de Llamadas de Urgencia 112 Cataluña; Policía de la Generalitat-Mossos d'Esquadra; Bomberos de la Generalitat de Cataluña; Ayuntamiento de Barcelona; Xavier Trias i Vidal de Llobatera. Alcalde de Barcelona; Cruz Roja Española; Cruz Roja en Cataluña; Centro de Coordinación de Cruz Roja en Cataluña; Unidad de Crisis de Barcelona-Universidad Autónoma de Barcelona; Convergència i Unió; Esquerra Republicana de Catalunya; Partido Popular; Partido Socialista Obrero Español.

De estos 28 perfiles públicos analizados, 12 pertenecen al gobierno, 4 son partidos políticos, 2 son organizaciones humanitarias, 2 al ámbito de emergencias, 2 a seguridad pública, 2 a defensa, 1 a fomento, 1 a atención ciudadana y 1 a atención psicológica. En cuanto a la ubicación, 12 se sitúan en Madrid y 16 en Cataluña. En relación al alcance territorial, 12 perfiles de ámbito estatal, 13 de ámbito autonómico y 3 correspondientes a ámbitos locales o regionales. Por último, en cuanto a su orientación ideológica, en función de sus comentarios en Twitter, 17 actores se consideran pro gobierno, 8 perfiles se consideran neutrales y 3 perfiles de oposición al gobierno.

Explosión en Igualada

Perfiles mediáticos: *El País, El Mundo, Antena 3 Noticias, ABC, 20 Minutos, Canal 24 horas, Agencia EFE, Cadena Ser, La Sexta Noticias, Europa Press, La Vanguardia, El Periódico de Catalunya, Televisió de Catalunya, Diari Ara, Canal 324, RAC 1, Vila Web, El Punt Avui, Catalunya Radio, Nació Digital, Anoia Diari.*

Del total de 21 perfiles de actores mediáticos analizados, 18 perfiles son de información general y 3 perfiles son de noticias. En cuanto a su ubicación, 11 perfiles son de Madrid y 10 de Cataluña. En referencia al medio de origen, 5 son perfiles de cadenas de televisión, 3 de radios, 8 perfiles de periódicos, 3 de sitios web y 2 agencias informativas. La penetración territorial de estos medios es la siguiente: 12 de ámbito estatal, 8 de impacto autonómico y 1 de alcance local o regional. De estos 21 perfiles mediáticos, 5 pertenecen al sector público y 16 al sector privado. Por último, en cuanto a su línea editorial, se han analizado 7 perfiles progresistas, 8 de centro y 6 conservadores.

Perfiles públicos: Gobierno de la Generalitat de Cataluña; Difusión de actividad de gencat (Generalitat de Cataluña); Departamento de Interior. Generalitat de Cataluña; Consejero de Interior de la Generalitat de Cataluña; Dirección General de Protección Civil. Generalitat de Cataluña; 012 Atención Ciudadana, Generalitat de Cataluña; Centro de Atención de Llamadas de Urgencia 112; Servicio Catalán de Tránsito. Departamento de Interior; Policía de la Generalitat-Mossos d'Esquadra; Bomberos de la Generalitat de Cataluña; Cruz Roja en Cataluña; Centro de Coordinación de Cruz Roja en Cataluña; Sistema de Notificación de Observaciones Atmosféricas Singulares de la Agencia Estatal de Meteorología; Unidad de Crisis de Barcelona-Universidad Autónoma de Barcelona; Ayuntamiento de Igualada; Marc Castells i Berzosa, Alcalde de Igualada; Convergència i Unió; Esquerra Republicana de Catalunya.

De un total de 18 actores, 8 pertenecen al gobierno, 2 al sector de emergencias, 2 a organizaciones humanitarias, 2 son partidos políticos, 1 pertenece al sector tránsito, 1 al sector de la meteorología, 1 al de atención ciudadana y 1 al de atención psicológica. Por otro lado, 15 perfiles están situados en Barcelona, 2 en Igualada (Barcelona) y 1 en Madrid. En relación a su alcance territorial: 1 actor de alcance estatal, 14 de alcance autonómico y 3 de alcance regional o local. Por lo que hace a la orientación ideológica encontramos 10 actores pro gobierno, 7 neutrales y 1 de oposición al gobierno.

Tras haber detallado los perfiles que se analizaron en el nivel 1 de la investigación, se expondrá como se extrajo la muestra de análisis, lo que supone el nivel 2 de la investigación.

3.2.- Nivel 2 de la investigación. La muestra de análisis.

La muestra de análisis se ha extraído a partir de un método de selección de una muestra relevante, denominado *Top Discussion Indicator* (TDI) (Percastre-Mendizabal, Pont-Sorribes y Codina 2017). El TDI hace referencia a, por un lado, la identificación del marco temporal (día, hora o minutos) en los que se publicaron más tuits sobre la emergencia, y, por otro lado, a la elección de aquellos tuits más relevantes de cuantos se publicaron en ese marco temporal.

Los marcos temporales que se han establecido en cada caso son:

Ébola: el TDI se localiza en el día 7 de octubre de 2014 entre las 00:00h y las 23:59h. El día 7 de octubre se publicaron 358.290 tuits, es decir, un 32,91% del global de la conversación se produjo ese día concreto.

Germanwings: el *Top Discussion Indicator* se focaliza el día 24 de marzo de 2015 entre las 11:38h de la mañana y las 23:53h de la noche. En total, el 24 de marzo de 2015 se publicaron 106.074 tuits, lo que supone que se produjo un 45,23% de la conversación total sobre la emergencia. Concretando en el marco de temporal del TDI, es decir, entre las 11.38h y las 23:53h de ese mismo día se publicaron 105.846 tuits, lo que supone que entre esas horas se publicaron el 45,13% de los tuits sobre la emergencia global.

Igualada: el TDI se produce el día 12 de febrero de 2015 entre las 09:52h de la mañana y las 20:31h de la tarde. De hecho, de los 7.230 tuits que se publicaron en total sobre la emergencia, 6.134 tuits, el 84,84% se publicaron el día 12 de febrero. Y, en concreto, entre las 09:52h y las 20:31h se publicaron 5.664 tuits, lo que indica que el 78,34% del total de mensajes publicados sobre la emergencia se difundieron entre esas horas.

El criterio para seleccionar los tuits más destacados ha sido elegir aquellos más viralizados, es decir, que contaran como mínimo con más de 50 retuits y 10 favoritos. Los motivos por los que se otorga mayor valor al retuit que al favorito son: 1. En la lógica interna del *timeline* de Twitter, un retuit da más visibilidad a los mensajes que un favorito, por lo que su valor como herramienta de viralización del contenido es más alto. 2. Como ha demostrado la propia investigación, la norma general es que los tuits obtengan un mayor número de retuits que de favoritos, por lo que necesariamente se le debe otorgar un valor numérico más elevado (Suau-Gomila, Percastre-Mendizabal, Palà *et al.* 2017).

Tras filtrar el marco temporal con los criterios de relevancia establecidos para completar el TDI se obtuvieron las siguientes muestras:

Ébola: de los 358.290 tuits que se publicaron el día 7 de octubre de 2014, **1.115 tuits** cumplieron los criterios preestablecidos, un porcentaje del 0,31% del total de tuits publicados durante el TDI.

Germanwings: de los 105.846 tuits que se publicaron el día 24 de marzo de 2015 entre las 11.38h y las 23:53h, **638 tuits** cumplieron con los criterios de viralización establecidos. En total un 0,60% de los tuits del *Top Discussion Indicator*.

Igualada: de los 5.664 tuits que se publicaron sobre esta emergencia el día 12 de febrero de 2015 entre las 09:52h y las 20:31h, tan sólo **31 tuits**, un 0,55% del total del TDI lograron como mínimo 50 retuits (RET) y 10 favoritos (FAV). En total, durante el *Top Discussion Indicator* de los tres casos se publicaron **1.784 tuits** en torno a los cuales se ha centrado una parte del análisis correspondiente al estudio de aquellos perfiles cuya participación ha sido más destacada en el caso concreto de cada emergencia.

Tras explicar cómo se han filtrado y seleccionado los datos a analizar, se especificaran las similitudes y diferencias entre el análisis de los actores relevantes y el análisis de los actores influyentes.

3.3. Similitudes y diferencias actores relevantes y análisis actores influyentes.

Similitudes: En ambos análisis se utilizan las mismas variables cuantitativas. Además, el análisis cualitativo se realiza de la misma forma en ambos casos, lo que permite comprar los resultados.

Diferencias	
Actores Relevantes	**Actores Influyentes**
Son aquellos actores preseleccionados previamente en función de su relevancia *online* y *offline*, entre otros criterios explicados en el análisis del nivel 1.	Son aquellos actores extraídos de la muestra de análisis, del TDI. Es decir, son los que obtuvieron mayor viralización en cada uno de los casos.
Se analizan todos sus tuits, tengan más de 50 RT y 10 FAV o no.	Se analizan aquellos tuits que tuvieron 50RT y 10 FAV o más.
Puede darse el caso de que alguno de estos actores que por su función y relevancia deberían haber publicado sobre la emergencia **no publicarán**.	Todos los actores publicaron obligatoriamente sobre la emergencia.
En relación a las variables cuantitativas, las etiquetas se contabilizan el total de ellas usadas por el actor, sean estas repetidas o no. Interesa saber el total de etiquetas utilizadas, no su variedad.	Las etiquetas repetidas se contabilizan una única vez, ya que interesa conocer cualitativamente cuantos *hashtags* diferentes usó, y no la suma total de ellos.

Fuente: elaboración propia.

3.4. Variables cuantitativas.

Las variables utilizadas para el análisis cuantitativo se extraen de las propias métricas de Twitter, y se analizan en cada uno de los perfiles estudiados. Se debe aclarar que estas variables se analizan tanto en el nivel 1 como en el nivel 2 de la investigación. Estas variables son:

1.- Número de seguidores del perfil en el momento de realizar el tuit y en el momento del análisis.

2.- Número de siguiendo del perfil en el momento de publicar el tuit y de realizar el análisis.

3.- Número de retuits recibido en cada uno de sus tuits, y número de retuits totales recibidos por el perfil.

4.- Favoritos recibidos en cada tuit y en total por el perfil.

5.- Número de tuits publicados sobre la emergencia.

6.- Número de retuits realizados sobre la emergencia.

7.- Total de inputs: sumatorio del total de tuits publicados y retuits realizados. 8. Número de etiquetas utilizadas.

9.- Número total de menciones realizadas a actores relevantes en la gestión y/o la comunicación de la emergencia.

10.- Número total de enlaces compartidos por el perfil.

11.- Total de interacciones: sumatorio de etiquetas utilizadas, más menciones relevantes realizadas, más enlaces compartidos.

12.- Número total de contenido multimedia (vídeos, *gifs* y archivos de audio) compartidos.

13.- Número de tuits con imágenes publicados por el perfil.

 14.- Total de hiperenlaces utilizados por el perfil: suma del total de contenido multimedia compartido más los tuits con imágenes publicados.

Tras haber detallado las variables usadas en el análisis cuantitativo, se explicara el análisis cualitativo.

<u>3.5. Análisis cualitativo.</u>

El análisis cualitativo elaborado se ha denominado análisis de las discusiones influyentes. Este desarrolló metodológico se basa en una reformulación del *Analyse des attentats de Paris sur les réseaux sociaux elaborado por Vanderbiest*, (2015). En esta investigación el autor presenta seis fases de la emergencia en redes sociales. Estas seis fases semánticas y no temporales de la crisis, han sido redefinidas con el fin de abordar de forma óptima el objeto de estudio (Suau-Gomila, Percastre-Mendizabal, Palà *et al.* 2017). Las fases son:

1. Fase de alerta: es la fase puramente informativa, cuando se transmite la propia emergencia. Aparece en la primera fase cronológica, el estallido de la crisis, y también, cuando se actualizan las primeras informaciones dadas con nuevos detalles.

2. Fase emocional: es la fase en la que se expresan las emociones y sentimientos respecto a la emergencia, la gestión de la misma y todo lo que le rodea.

3. Fase de transición: esta fase combina las dos anteriores. Es decir, se engloban en esta fase aquellos tuits que contienen información y emoción en un mismo mensaje.

4. Fase de racionalización: es la organización de la conversación sobre la emergencia en un mismo *hashtag*, un mismo espacio común. Esto facilita la difusión de los mensajes y su viralización. Cuestiones de vital importancia en la comunicación de emergencia en Twitter, ya que hacen más visible la información. Por eso, el uso de los *hashtags* es de vital importancia en los actores públicos y mediáticos.

5. Fase de interés: son aquellos mensajes que en lugar de tener como finalidad ayudar en la difusión de la información, o solidarizarse con las víctimas, tienen como único objetivo atraer la atención de los usuarios de Twitter hacia el propio emisor del mensaje.

6. Fase de desestructuración: en esta fase se producen críticas al espacio común construido en la fase de racionalización, se plantean perspectivas y puntos de vista alternativos sobre la emergencia.

Más allá del análisis de las fases, para el análisis de las discusiones influyentes también se han tenido en cuenta las siguientes variables cualitativas.

Nivel de la emergencia: a partir de varios criterios como su duración temporal, el volumen de conversación que generan y su gravedad, atendiendo a número de fallecidos, heridos, etc., se han clasificado las emergencias en: efímeras, de mediana amplitud o graves.

Expresión del descontento: se indican aquellas expresiones o palabras clave que expresan de forma explícita malestar por la situación de emergencia, por su gestión o por ambas.

Temáticas principales: se muestra en cada caso la focalización temática general de los mensajes publicados, sirve para conocer sobre qué aspectos de la emergencia se centró la opinión pública en cada uno de los casos investigados.

Resurgimiento de la emergencia: se identifica que sub-emergencias existen en el seno de la emergencia global, junto a la identificación de las temáticas principales permite observar si la atención sobre la emergencia se ha focalizado en la crisis principal, o si por el contrario, una sub-crisis o crisis secundaria ha desviado la atención de la crisis originaria.

3.6. Entrevistas en profundidad.

El uso de la entrevista en profundidad se justifica debido a que como señalan Jackson, Drummond y Camara (2007) es una herramienta útil para conocer cómo se llevan a cabo ciertos procesos. Es decir, la entrevista, como apunta Callejo (2002), se encuentra en investigaciones que buscan aproximarse a los sujetos, ya sea porque son los responsables de una acción o por otros motivos. Este mismo estudio señala otro aspecto relevante como es el hecho de que la entrevista es una aceptable sustitución de la observación cuando: no es fácil el acceso al espacio; o cuando existe una limitación de tiempo y presupuesto temporal, ya que a diferencia de en la observación, en la entrevista no es tan importante el espacio, pero si la gestión del tiempo.

La entrevista en profundidad semiestructurada se caracteriza por: "tener un cierto grado de dirección-no dirección. Es decir, el entrevistador puede seguir un esquema de preguntas fijo, en cuanto a orden, contenido y formulación de las mismas, o puede utilizar un esquema flexible, un guion orientador" Olabuénaga (2012, p.77).

En este caso interesa aproximarse a los responsables de la gestión comunicativa de las diferentes emergencias, además, no existe la posibilidad de hacer observación participante debido a que analizamos un hecho pasado, por tanto, la exposición de Callejo (2002), se ajusta a estos casos.

Las entrevistas son individuales y focalizadas en tres núcleos temáticos, que ordenados de forma jerárquica son los siguientes:

Tema 1: Equipo y recursos disponibles para realizar la gestión comunicativa de emergencias en redes sociales.

Tema 2: Relación y coordinación de las instituciones con los medios de comunicación en situaciones de emergencia.

Tema 3: Cambios que han generado las redes sociales, y Twitter especialmente, en la gestión comunicativa de las emergencias.

Las entrevistas se han diseñado para ser realizadas únicamente una por caso, con el responsable de la gestión de comunicativa en redes sociales de la institución y caso concreto. En consecuencia, son entrevistas de larga duración (una hora), exhaustivas, en profundidad y de respuestas abiertas.

Las instituciones seleccionadas para realizar las entrevistas fueron las siguientes:

Igualada: entrevista con el responsable de la gestión comunicativa de Emergències de Catalunya, al ser el perfil más activo en la gestión comunicativa de la emergencia en Twitter.

Germanwings: entrevista con el responsable de comunicación del aeropuerto de Barcelona (España), al ser desde donde salió el avión accidentado.

Ébola: entrevista con el responsable de comunicación del Ministerio de Sanidad, Servicios Sociales e Igualdad, al ser la máxima institución responsable de la salud de los ciudadanos españoles.

4. Conclusiones metodológicas

La metodología expuesta tiene cuatro factores fundamentales:

1.- Permite comparar el uso que hacen de Twitter en la gestión de emergencias los actores mediáticos e institucionales, y aquellos actores más retuiteados en cada emergencia. Esto permite conocer qué papel tienen las administraciones y medios de comunicación, si están o no entre los actores más retuiteados, y en caso negativo, permite deducir los motivos, que pueden ser: uso poco intensivo de Twitter, mal uso de hashtags y menciones, publicaciones sin contenidos multimedia, entre otros posibles factores.

2.- Concede la posibilidad de identificar tanto el tono global de la conversación (emotivo, informativo, etc.) como el tono de la conversación en el TDI. Es decir, es una metodología ampliamente descriptiva y comparativa.

3.- En esta misma línea, posibilita una cierta comparación entre las similitudes y diferencias en la gestión de emergencias internacionales, nacionales y locales, debido a la elección de los casos de estudio en los que se ha aplicado la metodología.

4.- Faculta para conocer en detalle como es el proceso de gestión comunicativa de las emergencias. Puesto que la combinación del análisis cuantitativo y cualitativo con las entrevistas en profundidad, posibilita conocer cómo actúan las instituciones y medios de comunicación en Twitter, que impacto tienen sus mensajes en esta red, y, por último, qué equipos, con qué organización y con qué recursos humanos y materiales cuentan para gestionar la comunicación de emergencias en Twitter. Especialmente en el caso de los actores institucionales.

Además, se debe destacar que mediante el *Top Discussion Indicator* (TDI), se pretende obtener una muestra relevante y no representativa. Motivo por el cuál la muestra seleccionada para el análisis de la fase 2, muestra de análisis, es porcentualmente menor, respecto a la conversación global. Así pues, la muestra de análisis, fase 2 de la investigación, ha estado compuesta por 1.784 tuits, mientras que la fase 1 de la investigación, universo de análisis, ha estado compuesta por 1.330.487 tuits.

A pesar de lo anterior, es posible afirmar que la muestra ha sido relevante y, también representativa. Puesto que al comparar el análisis de la fase 1, universo de análisis, con el de la fase 2, muestra de análisis, se ha demostrado que, en general, las mismas tendencias que aparecen en el análisis de la fase (1), se reflejan en la fase (2).

Por último, cabe hacer constar que el uso de esta metodología de análisis, y los resultados que se han extraído de la misma, han sentado las bases para elaborar un decálogo con recomendaciones generales y operativas para instituciones públicas y medios de comunicación sobre cómo deben comunicar las emergencias en *social media*.

Referencias

- Bruns, A., Burgess, J., Crawford, K., y Shaw, F. (2012). #qldfloods and @QPSMedia: Crisis communication on Twitter in the 2011 South East Queensland floods. Brisbane: ARCCentre of Excellence for Creative Industries and Innovation. Retrieved from http://cci.edu.au/floodsreport.pdf.

- Callejo, J. (2002). Observación, Entrevista y Grupo de discusión: El silencio de tres prácticas de investigación. Rev. Esp. Salud Pública, 76 (5). 409-422.

- Canel, M.J. (2006). Comunicación política: una guía para su estudio y práctica. Madrid: Tecnos.

- Chadwick, A. (2006). Internet politics: States, citizens, and new communication technologies. Nueva York: Oxford University Press.

- Giansante, G. (2015). La comunicación política online. Barcelona: Editorial UOC.

- Jackson, R., Drummond, D. & Camara, S. (2007). What Is Qualitative Research. Qualitative Research Reports in Communication, 8 (1). 21- 28.

- Mazzoleni, G. (2010). La comunicación política. Madrid: Alianza Editorial.

- Mendoza, M., Poblete, B., y Castillo, C. (2010). Twitter under crisis: ¿Can we trust what weRT? 1st Workshop on Social Media Analytics (SOMA '10). Association for ComputingMachinery (ACM): Washington, DC.

- Murdock, G., Horlick-Jones, T. y Petts, J. (2001). Social amplification of risk: The media and the public. Contract Research Report: Health & Safety Executive (HSE).

- Norris, P. (2000). A Virtuous Circle. Political Communications in Postindustrial Societies. Cambridge: Cambridge University Press.

- Olabuénaga, J.I. (2012). Metodología de la investigación cualitativa. Bilbao: Universidad de Deusto.

- Palen, L., Starbird, K., Vieweg, S., y Hughes, A. (2010). Twitter-based information distribution during the 2009 Red River Valley flood threat. Bulletin of the American Society for Information Science and Technology, 36. 13–17.

- Percastre-Mendizabal, S. J., Pont-Sorribes, C. y Codina, L. (2017). Propuesta de diseño muestral para el análisis de Twitter en los ámbitos de la Comunicación Política. El Profesional de la Información (aceptado para su publicación en el v. 26, n. 4, de julio-agosto).

- Pont, C., Codina, L., y Pedraza, R. (2009). Comunicación de riesgo y sistemas de información en la web: cinco modelos. El profesional de la Información, 18 (4), 389-397.

- Pont, C. (2013). Comunicar las emergencias. Barcelona, España: Editorial UOC.

- Suau-Gomila, G., Percastre-Mendizabal, S., Palà, G., y Pont-Sorribes, C. (2017). Análisis de la comunicación de emergencias en Twitter. El caso del Ébola en España. En: Sierra, J. y Liberal, S. (coords.) Uso y Aplicación de las Redes Sociales en el Mundo Audiovisual y Publicitario (p. 119-130). Madrid: McGraw-Hill Education. ISBN: 9788448613570.

- Toffler, A. (1980) The Third Wave. USA; Bantam Books.

- Vanderbiest, N. (2015) Analyse des attentats de Paris sur les réseaux sociaux. Reputatio Lab. [Consulta 21 febrero 2016] Disponible en: http://www.reputatiolab.com/2015/11/analyseattentats-paris-reseaux-sociaux/

- Wolton, D. (1990) Political Communication: The Construction of a Model. European Journal of Communication, 5 (1). 261- 284.

CAPÍTULO VI

LA GESTIÓN DE LA COMUNICACIÓN INSTITUCIONAL EN REDES SOCIALES ANTE UNA CATÁSTROFE NATURAL: EL CASO DEL HURACÁN MATTHEW

Lorena Santos Maestre
Universidad Complutense de Madrid

Alicia de Lara González
*Universidad **Miguel Hernández de Elche***

Mª Luisa Sánchez Calero
Universidad Complutense de Madrid

1. Estado de la cuestión

1.1. La influencia de las redes sociales en el contexto comunicativo

En los últimos años, Internet y las nuevas tecnologías han trastocado los modelos de acceso al conocimiento y los mecanismos para informar (Romero y Vidal, 2010). Si tenemos en cuenta datos a nivel mundial, se observa que en 2015 se ha superado por primera vez la barrera de los 3.000 millones de internautas. Es indiscutible que, desde la popularización del término "Web 2.0" en la conferencia Web 2.0 de 2004, organizada por O'Reilly Media y MediaLive, Internet se ha convertido en la red social por antonomasia, "en el embrión de donde nacen y se asientan todas las redes sociales del mundo virtual" (Flores, 2009). Los ejemplos de herramientas Web 2.0 Incluyen motores de búsqueda (por ejemplo, Google), enciclopedias colaborativas (Wikipedia), vídeos y fotos compartidas (Youtube o Flickr) y, por supuesto, redes sociales como Instagram, Facebook y Twitter.

En este contexto, las redes sociales han adquirido un importante protagonismo y se han convertido en herramientas digitales de uso cotidiano, tal y como refleja el Informe Anual de la Sociedad de la Información en España, que realiza la Secretaría de Estado de Telecomunicaciones y para la Sociedad de la Información (2015: 33-34). En términos generales, una red social se entiende como "una estructura social formada por personas o entidades conectadas y unidas entre sí por algún tipo de relación o interés común, donde tienen lugar los encuentros sociales y se muestran las preferencias de consumo de información mediante la comunicación en tiempo real" (Ponce, 2012).

Los medios tradicionales como la radio, los libros y la televisión de la red son una plataforma de la difusión, pero los medios de comunicación social están diseñados para crear un diálogo y fomentar la Interacción de muchos (Porter, 2008). Además, en las redes sociales el usuario se convierte en "el verdadero protagonista" (Fernández y Paniagua, 2012) puesto que deja de ser un mero cliente. El ciudadano ha pasado de convertirse en receptor pasivo de la información a creador y generador de contenidos. De hecho, para Hackers y Van Dijk (2000) la democracia digital supone la utilización de las TICs para reforzar la participación social y política, como complemento a las prácticas tradicionales.

En España, el uso de redes sociales ha experimentado un aumento notable en los últimos años: un 81% de los internautas de 16-55 años utilizan redes sociales, lo que representa más de 15 millones usuarios en nuestro país, según el estudio Span IAB 2016. Aunque su uso ha descendido 2,4 puntos porcentuales respecto al año 2014, cuando eran utilizadas por el 67,1% de los usuarios. Respecto al perfil mayoritario, cabe señalar que los usuarios de entre 16 y los 24 años, aunque siguen siendo con diferencia el grupo que más accede a las redes sociales, por segundo año consecutivo caen levemente y, en 2015, el porcentaje de usuarios de este segmento se sitúa en el 90,5%, casi un punto menos que en el ejercicio anterior. El estudio señala que las cinco redes sociales más utilizadas en España son, por orden de popularidad: Facebook, WhatsApp, Twitter, YouTube e Instagram.

El hecho de que más de 15 millones usuarios utilicen alguna red social en nuestro país mueve a las empresas que quieren alcanzar a sus públicos objetivos a estar también presentes en las redes sociales. Estas empresas deberán, por tanto, saber adaptarse a su dinámica e incorporarlas adecuadamente en sus estrategias y planes de marketing, "teniendo presente los nuevos códigos de comunicación que emergen con mucha rapidez" (Flores, 2009).

Y esta necesidad de dominar los nuevos lenguajes y tendencias propios de las redes sociales se extiende también a los organismos e instituciones públicas. Por ejemplo, en el trabajo de Bertot et al (2010) se nombran algunas de las utilidades del uso de las redes sociales en la comunicación institucional. Se señala, por ejemplo, su uso para el fomento de la participación del público en el diálogo social; la coproducción, en la que los gobiernos y el público desarrollan conjuntamente o la mejora de la capacidad de respuesta por parte de las instituciones. Pero también se mencionan algunos de los peligros del uso de las redes sociales en la comunicación institucional. De hecho, los autores subrayan que es necesario que los organismos mejoren su comunicación y que lo hagan teniendo en cuenta parámetros como la seguridad y el acceso del público a las nuevas tecnologías (Bertot et al 2012).

Los planes de comunicación de muchas empresas e instituciones incluyen las redes sociales como canales de comunicación corporativa y publicitaria (Rojano y Calderón, 2012; Navarro y Moreno, 2013; Castelló et al. 2014, entre otros) porque ofrecen la posibilidad de alcanzar al público objetivo. En los medios sociales las comunidades sustituyen a las audiencias. Y, en este sentido, Clay Shirky (2011) indica que "en la comunicación, la audiencia se caracteriza por una relación unidireccional entre emisor y receptor y por la desconexión de sus miembros unos de otros: un patrón de uno a muchos". Por contraste, en una comunidad la gente normalmente recibe y envía mensajes. Los miembros están conectados entre sí. Sin embargo, diversos autores Boortree y Seltzer, 2009; Xifra y Grau, 2010; Waters y Jamal, 2011) señalan que, en la práctica, las organizaciones no aprovechan realmente la bidireccionalidad que ofrecen estas herramientas y que, con frecuencia, utilizan los medios sociales solo en un sentido: de ellos hacia el público, sin dar una oportunidad a la comunicación bidireccional.

Por otra parte, conviene tener en cuenta que la velocidad de la información también provoca efectos llamativos en cuestiones como la reputación de las personas y las organizaciones. Es decir, las redes sociales han jugado un papel clave en determinadas situaciones de crisis empresariales o gubernamentales, donde la rapidez ha provocado errores de bulto, que han derivado en rumores que pueden ser letales para la reputación, y que pueden dificultar la verificación y control de calidad de los contenidos.

El desarrollo de Internet ha ampliado las posibilidades de la cultura participativa (Blázquez, 2016: 311) y la naturaleza eminentemente relacional de los medios sociales, inherente a su origen digital, los convierte en poderosas herramientas para instituciones y empresas, seducidas especialmente por su capacidad para generar diálogos con los públicos (Molina, 2016). Pero el aumento del protagonismo de las redes conlleva un aumento exponencial de la información, lo que puede suponer un problema cuando la calidad de la misma disminuye. En este contexto conviene subrayar la necesidad de reflexión para evitar difundir información que genere confusión o alarma social. "Necesitamos también precisión y calidad" (Pérez-Latre, 2011). Y esta apreciación se torna más relevante en una situación en la que la información puede salvarte la vida.

1.2. Las redes sociales en la comunicación de situaciones de crisis

La literatura que analiza las consecuencias y el modo en que se utilizan las redes durante una situación de emergencia es prolífica y tiene en cuenta diferentes puntos de vista. Uno de ellos es la utilización que los gobiernos y organismos oficiales hacen de sus redes sociales para difundir la información que estiman conveniente. Otro de los enfoques posibles se centra en analizar la información difundida por población a través de sus redes sociales durante una situación de emergencia, como por ejemplo un huracán. Asimismo, el uso por parte de otros organismos muy activos en este tipo de emergencias, como es el caso de las organizaciones no gubernamentales, también ha despertado el interés de la comunidad académica.

En el presente trabajo nos centramos en la comunicación que realizan determinados organismos institucionales en torno a una catástrofe natural y esta perspectiva se analiza desde el ámbito de la comunicación de riesgos. Como en la mayoría de los esfuerzos persuasivos, la comunicación convencional de riesgo busca que el público objetivo acepte y actúe dejándose llevar de acuerdo con el discurso de los mensajes institucionales. (Moreno: 133). Pero, en la actualidad, y más aun teniendo en cuenta el potencial participativo que traen consigo las redes sociales, la comunicación de riesgos requiere que todos los agentes implicados: expertos, reguladores y público trabajen conjuntamente definiendo el proceso de toma de decisiones, marcando objetivos, examinando alternativas, visibilizando valores y definiendo resultados (Moreno: 134).

Hay que tener en cuenta que además de los riesgos ordinarios y más o menos previsibles dentro de una catástrofe, "existen otros que por su imprevisibilidad escapan a las posibilidades de control, amenazando con desestabilizar el mantenimiento del orden" (Gil Calvo: 187). Según la literatura especializada, lo que distingue estos dos tipos de riesgos es el grado de incertidumbre (López y Luján, 2000), que puede verse agravado por determinados mensajes desinformadores o por una mala gestión de la comunicación ante el problema. Por este motivo y según Timoteo Álvarez, la comunicación de crisis debe contemplar tres aspectos fundamentales: la acción preventiva y formativa; la reacción y respuesta en tiempo, en línea y en movimiento, y la recuperación y normalización (Timoteo Álvarez, 320). El autor añade que "la comunicación de crisis y su gestión es hoy el corazón de la gestión de la comunicación corporativa".

Como veremos a continuación, los expertos coinciden en señalar que las redes sociales pueden convertirse en una herramienta de comunicación muy útil en una situación de emergencia por dos razones principales: por su capacidad para difundir la información en tiempo real y por su potencial de diseminar dicha información. Es decir, porque pueden contribuir a que disminuya el coste del desastre y porque pueden desempeñar un papel tras la crisis para mejorar la recuperación y la reconstrucción. De la misma manera, los expertos también señalan, algunos riesgos derivados del carácter participativo e instantáneo de los *social media*, como, por ejemplo, el hecho de que el control sobre la información se pierde.

En concreto, en un estudio similar al nuestro llevado a cabo por Wendling et al (2013) se analiza el uso de las redes sociales por parte de las administraciones, con el objetivo de ofrecer un marco de actuación para el uso de medios de comunicación social para las comunicaciones de riesgo y crisis. El trabajo se centra en analizar cómo las redes sociales pueden ser una herramienta beneficiosa en situaciones de riesgo y crisis y subraya que para las fuentes oficiales el uso adecuado de estos canales constituye un reto. La obra de Wendling expone, a través del análisis de diferentes casos prácticos, una serie de buenas prácticas en el uso de las redes sociales en situación de crisis y riesgo. Entre las bondades mencionadas destacan: su capacidad para sensibilizar al público sobre los riesgos y las crisis; su potencial a la hora de funcionar como un sistema de vigilancia y de alerta temprana; el hecho de que proporcionen información de advertencia; su utilidad para mejorar la respuesta a las crisis mediante la movilización de voluntarios o su potencial, tras la situación de riesgo, para recaudar fondos de ayuda a los damnificados, entre otras.

En una catástrofe, el público objetivo se amplía a toda la población, lo que puede suponer otro problema a la hora de transmitir la información deseada. Por ejemplo, el trabajo de Huang et al (2010) estudia el uso de las redes sociales en la respuesta de emergencia y la gestión de la salud pública de los desastres, centrándose en un estudio de caso del ciclón tropical Morakot que afectó Taiwan. La investigación subraya que la gestión de las redes sociales en situaciones de desastre no está correctamente gestionada y, entre los obstáculos que menciona se encuentran: la brecha entre personas sin acceso y acceso ilimitado a las TIC, el idioma y la falta de habilidades básicas de computación.

En relación con los problemas derivados de las infraestructuras, también destaca el trabajo de Quesada (2014) sobre la comunicación llevada a cabo por las instituciones en el caso de terremoto de Sumatra y que provocó un inmenso tsunami en el sudeste asiático, el 26 de diciembre del 2004. En la investigación se demuestra que en determinadas situaciones se pierde la posibilidad de utilizar determinados canales de comunicación que dependen de la electricidad o de las redes, ya que estos se ven afectados por la propia catástrofe. Por este motivo, el autor del trabajo considera fundamental tener en cuenta los posibles obstáculos derivados de los recursos técnicos y humanos "que las diferentes instituciones deben sortear a la hora de lanzar las alarmas" y la necesidad de hacerlo con el tiempo suficiente para informar a la población (Quesada, 2014).

En otro estudio, González Molina (2012: 151) lleva a cabo un análisis sobre mensajes de Twitter enviados durante el incendio que asoló este verano el Empordà (localidad de Catalunya, España) por parte de dos de las instituciones más directamente relacionadas con su extinción (Bomberos y

Emergencias). González Molina pone el foco en el contenido de la información transmitida a través de la plataforma social y concluye que se trataba de mensajes fruto de la reutilización de información originalmente concebida para ser difundida a través de otro soporte o sin diferenciar el público objetivo. Es decir, el estudio de contenido de González Molina vuelve a poner el foco en una falta de estrategia y especialización detectada en la estrategia de comunicación de las instituciones.

Entre los actores implicados en los procesos de crisis y catástrofes medioambientales con un importante papel se encuentran las organizaciones no gubernamentales. Por ello, son el centro de análisis del trabajo llevado a cabo por Echezarreta, y Mantini (2012), basado en el análisis de diferentes casos, entre los que se encuentra el terremoto de Haití (2010) pero también otras situaciones de emergencia humana como la hambruna en el Cuerno de África declarada durante el verano y otoño de 2011. La estrategia desplegada por estos agentes que suelen conocer bien la zona puesto que trabajan sobre el terreno resulta relevante si se desea establecer un plan efectivo de comunicación. En este sentido, una investigación llevada a cabo por la Cruz Roja Americana, la Fundación de Administración del Congreso y otras organizaciones, demostró que las redes sociales podrían estar asumiendo un rol mucho mayor y formal a la hora de dar respuestas en emergencias. Entre los datos que arroja el estudio cabe subrayar los siguientes:

- Internet se ha convertido en la tercera forma más popular para la gente de reunir información de emergencia, de ellos el 18% utilizan Facebook para tal fin.

- Casi un cuarto (24%) de la población general y un tercio (31%) de la población en línea utilizan los medios sociales para que sus seres queridos sepan que están a salvo.

- Cuatro de cada cinco (80%) de la población entrevistada y 69% de la población entrevistada cree que las organizaciones nacionales de emergencia de respuesta deberían monitorear las redes sociales para responder con inmediatez en caso de necesidad.

Hemos visto cómo el aumento progresivo del uso de redes sociales durante emergencias ha convertido estas plataformas en herramientas potentes a la hora de salvar vidas o alertar de desastres naturales y evitar daños mayores. En este contexto, conviene analizar, como se pretenden en este trabajo, hasta qué punto las redes sociales constituyen una herramienta de comunicación efectiva para las instituciones implicadas en la difusión de la información en una situación de riesgo. Porque las redes sociales pueden constituir un canal de comunicación en tiempo real, cercano al ciudadano y capaz de generar respuesta, pero las instituciones deben dominar sus capacidades y saber utilizarlas correctamente en un contexto de crisis y emergencia.

En resumen, las redes sociales permiten establecer canales de comunicación entre los colectivos a los que se dirige el organismo, ya se trate de ciudadanos, voluntarios, otros organismos o incluso medios de comunicación, etc. (Rowena et al., 2011), pero para que esta red de comunicación sea efectiva entran en juego aspectos que tienen que ver tanto con la tecnología, como con la propia cultura del lugar donde se produce la catástrofe. Todos ellos factores que deben tenerse en cuenta en un plan, no improvisado, de comunicación de gestión de crisis.

2. Metodología

Comunicar correctamente en materia de riesgos sociales es cada vez más necesario, tanto para informar a la sociedad como para educar y prevenir grandes pérdidas y destrozos; así como para evitar infundir miedos innecesarios. Para analizar la gestión comunicativa de la crisis del huracán Matthew por parte de medios institucionales americanos, se han llevado a cabo diversos métodos.

I. En primer lugar se ha realizado una búsqueda en la base de datos EM-DAT seleccionando la catástrofe en cuestión. Al huracán Matthew se le ha asignado el código de desastre 2016-0355.

Una búsqueda más amplia muestra que la mayor zona afectada fue Haití con 546 muertos y 1400438 afectados. El principal impacto económico recayó en Estados Unidos, donde a fecha 27/10/2016 el gasto ascendía a 10000000.

II. Una vez seleccionados los países de estudio, EEUU y Haití, se ha elaborado una tabla de Excel que recoge los tuits y comentarios de Facebook de los principales organismos encargados de gestionar la catástrofe en cada uno de los países analizados. En esta tabla se combina el análisis cualitativo con el cuantitativo para llevar a cabo un análisis de contenido de los mensajes.

Los parámetros que se analizan en las diferentes tablas son:

A) Fecha y hora: Dentro del rango establecido se estipula en qué momento (hora española) se hacen dichas publicaciones. En el caso de Facebook únicamente se incluye el día (por orden cronológico) ya que no hay datos sobre hora.

B) País de actuación: Se determina si el organismo publica información sobre Haití, sobre EEUU o sobre ambos países.

C) Red social: En este caso se establece si es Facebook o Twitter.

D) Tipo: El tipo de publicación establece si el contenido es propio del organismo o es algo que se ha compartido.

E) Contenido: El contenido se ha clasificado en Informativo, Preventivo o Consecuencias. A través de un análisis del mensaje se establece la intención final de cada una de las publicaciones.

F) Retuits/Compartir: Aquí se muestra el número de veces que se ha compartido una publicación en cada una de las redes sociales.

G) Me gusta: Se muestran las reacciones de los usuarios a los diferentes contenidos.

H) Apoyo gráfico: Se establece si el contenido incluye imágenes, vídeos, infografías u otro tipo de documento de apoyo visual.

I) Comentarios: Se determina el número de comentarios que tiene cada publicación.

Para recabar los datos de la tabla se ha hecho una búsqueda sobre organismos oficiales en cada uno de los países que tuvieran la responsabilidad de informar sobre el desastre. Por parte de Haití, fue Protección Civil el organismo que asumió este papel. En Estados Unidos este cometido lo llevó a cabo el Departamento de Seguridad Nacional (FEMA, por sus siglas en inglés). Se ha creído oportuno también recopilar la información del Centro Nacional de Huracanes (NHC, por sus siglas en inglés), ubicado en Florida, ya que proporcionó información detallada en todo momento sobre el paso del huracán, consejos para minimizar los daños y consecuencias del paso del mismo por los diferentes países.

Organismo	Seguidores Facebook	Seguidores Twitter	Engagement Facebook	Engagement Twitter
Pwoteksyon sivil	**3.790**	**21.725**	**2,85%**	**8,58%**

Organismo	Seguidores Facebook	Seguidores Twitter	Engagement Facebook	Engagement Twitter
FEMA	**284.378**	**578.703**	**2,85%**	**1,12%**

Organismo	Seguidores Facebook	Seguidores Twitter	Engagement Facebook	Engagement Twitter
National Hurricane Center	**598.115**	**246.700**	**0,21%**	**60,71%**

Desde el 20 de septiembre hasta el 31 de octubre se ha hecho una criba de aquella información publicada a través de Facebook y Twitter en las cuentas de los organismos anteriormente mencionados sobre el huracán Matthew.

En el caso de Pwoteksyon Sivil, la primera publicación se realizó el 28 de septiembre. Con un total de 88 tuits y 78 post, cubrieron la información más importante en Haiti, proporcionando consejos y recomendaciones para prevenir daños mayores.

En el caso de FEMA, la primera publicación se hizo el 3 de octubre a través de Facebook. En el transcurso de la catástrofe sumaron 97 tuits y 70 posts.

NHC, con un contenido mayoritariamente informativo, inició las publicaciones el 28 de septiembre. En total, realizaron 95 tuits y 65 posts.

En todos los casos, los propios investigadores han sido los encargados de gestionar la información, ampliar con vídeos e imágenes explicativos y responder a las inquietudes de los usuarios.

Adicionalmente, se ha consultado a las diferentes organizaciones si seguido algún protocolo concreto de comunicación en este caso concreto y si lo siguen en casos de catástrofe natural, en general.

El cuestionario enviado, en francés e inglés, ha sido el siguiente:

1. Cuando se prevé una catástrofe natural, ¿seguís algún protocolo específico de comunicación para informar? ¿Cómo funciona?

2. ¿Cuáles son los principales factores a tener en cuenta a fin de transmitir una información adecuada?

3. En el caso del huracán Matthew, ¿seguisteis algún protocolo de comunicación concreto? (hora establecida para difundir la información, uso de imágenes, uso de vídeos...).

4. ¿Tenéis un departamento de Community Manager para dar respuesta a los usuarios de las redes sociales? ¿Cómo funciona?

5. En general, ¿cuáles son las cuestiones principales que plantea la ciudadanía (información/ consejos para prevenir/ consecuencias)?

En este contexto, la Organización Mundial de la Salud establece una serie de pautas generales sobre cómo actuar ante una crisis (tanto sanitaria como humanitaria). En concreto, establece:

1. Confianza (cuando se transmiten los mensajes).

2. Anuncios tempranos (importante para alertar a las personas afectadas y reducir el brote de enfermedades derivadas y minimizar los daños).

3. Transparencia (ayuda a mantener el apoyo ciudadano).

4. Escuchar al público (demuestra profesionalidad y aporta claves sobre cómo comunicar).

5. Planificación (para gestionar el impacto tras la catástrofe e informar a los usuarios sobre cómo actuar o solicitar ayuda).

Respecto al tono de los mensajes se pueden distinguir seis fases significativas de la conversación a través de redes sociales: fase de alerta, fase emocional, fase de transición, fase de racionalización, fase de interés y fase de desestructuración. Para sintetizar, en este estudio se han agrupado de la siguiente forma:

-Información: fase de interés, fase de transición

-Prevención: fase de alerta, fase emocional

-Consecuencias: fase de racionalización, fase de desestructuración.

3. Resultados

Los resultados del estudio se agrupan en dos secciones. El primer apartado recoge un análisis gráfico y numérico de los datos obtenidos en el análisis de las diferentes sociales. El segundo apartado estudia la gestión de la comunicación del huracán Matthew por parte de las tres organizaciones analizadas. Para ello se recogen las respuestas obtenidas al cuestionario planteado anteriormente. Se estudia, en este caso, si se aplican las pautas generales sobre qué hacer y qué no hacer ante una crisis.

Como indica el informe Percepción social del riesgo en España (2008: 27), publicado por el Ministerio del Interior, "los estudios cualitativos, siempre más psicosociales que estrictamente sociológicos, aunque deban ser a menudo completados por investigaciones cuantitativas según las técnicas de encuesta, nos pueden ser útiles para comprender la estructura del fenómeno estudiado". Por tanto, aunque el análisis cuantitativo de este trabajo ocupa una extensión importante, el uso que se pretende hacer de él sirve para apoyar los resultados obtenidos a través del análisis cualitativo.

3.1. Sobre las encuestas realizadas

a) Análisis cuantitativo

Tras recopilar todos los datos referentes a los posts y tuits publicados durante la crisis del Huracán Matthew en las redes sociales de Pwoteksion Sivil, FEMA y NHC se analizan diferentes variables que pueden ser tenidas en cuenta en catástrofes posteriores.

El primer sesgo que se ha establecido ha sido determinar si la mayoría de publicaciones se han hecho a través de Twitter o Facebook.

El primer gráfico muestra una predominancia de Twitter frente a Facebook:

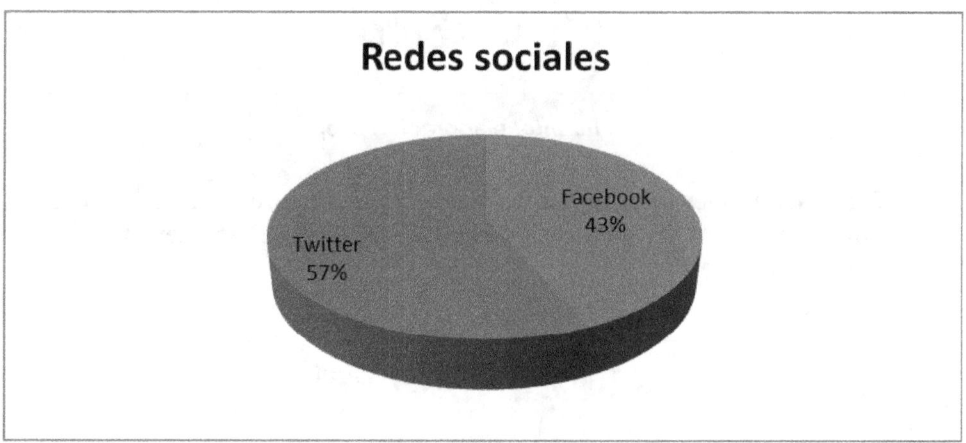

Fuente: elaboración propia

Esta tendencia responde a las características de las redes sociales en sí. Twitter permite transmitir información ordenada en 140 caracteres, con imágenes y enlaces. Esta información aparece en el muro de los usuarios de forma cronológica y con necesidad de actualización de lectura por lo que el impacto es mayor que en Facebook que selecciona la información y la publica espontáneamente en los muros de los seguidores sin seguir un patrón concreto de tiempo.

Respecto al contenido de los mensajes se ha hecho una división para establecer si la información era informativa, preventiva o sobre consecuencias. Para establecer esta separación se ha tenido en cuenta si los siguientes factores se incluían en el contenido:

-Informativa: datos objetivos, mapas de avance del huracán.

-Preventivo: consejos, teléfonos de ayuda y atención, imágenes informativas con pautas a seguir.

-Consecuencias: fotografías de los lugares tras el paso del huracán, número de afectados, teléfonos de ayuda a las víctimas.

Los datos obtenidos son los siguientes:

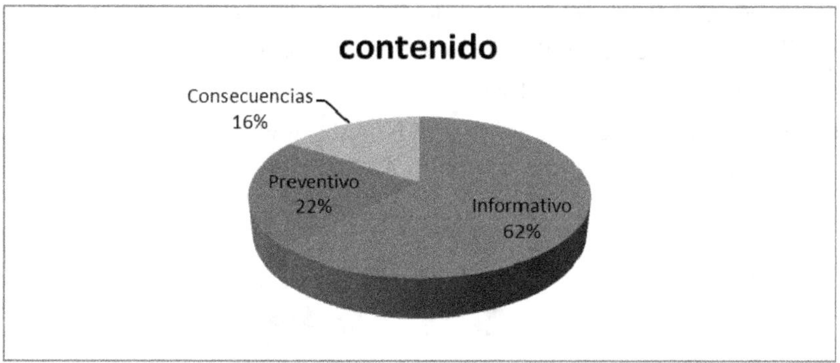

Fuente: elaboración propia

Otro factor relevante que se ha analizado es la presencia de contenido (audio)visual en las publicaciones tal como gráficos, imágenes, vídeos o posters informativos.

Los resultados son los siguientes:

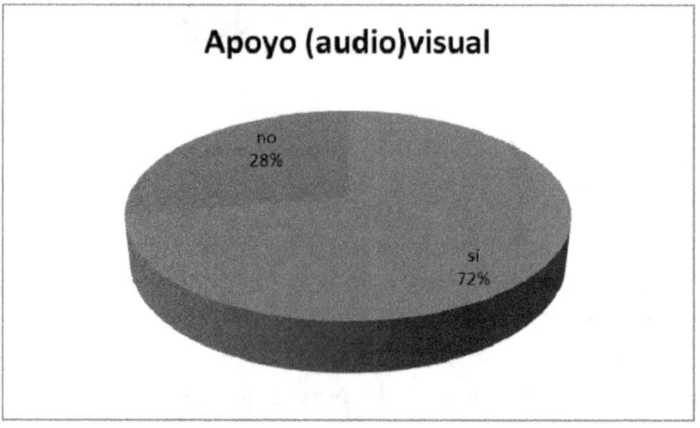

Fuente: elaboración propia

Todas las organizaciones apuestan por el uso de apoyo gráfico con lo que crear un mayor impacto visual y empatizar con los usuarios.

Por último se ha obtenido una media sobre la cantidad de publicaciones compartidas, la cantidad de "me gusta" y el número de comentarios.

La media de publicaciones compartidas es 237, aproximadamente; la media de "me gusta", 148; y la media de comentarios 15. Teniendo en cuenta que el número de afectados superó el millón y medio de personas, todavía se podría crear un mayor impacto a través de las redes para reducir las consecuencias.

b) Análisis cualitativo

Tras destacar los resultados cuantitativos, y analizar las respuestas recibidas por NHC, que se recogen en el Anexo 1 de este artículo, se establece que se cumplen en su mayoría las recomendaciones de la OMS mencionadas.

1. Confianza

En todos los casos, los organismos seleccionados son tomados como referencia dentro de las respectivas comunidades. Quizá en el caso menos evidente es Haití, donde un número minoritario de la población tiene acceso a las redes por lo que la interacción es muy pequeña como para establecer si realmente la ciudadanía confía en la información publicada.

2. Anuncios tempranos

El mejor ejemplo de esta práctica es NHC, pues su labor informativa va siempre entre 8 y 24 horas antes del paso del huracán por las diferentes zonas.

En todos los casos la función de compartir y retuitear juega un papel muy importante ya que la información oficial sobre el avance o los pasos del huracán se toma de diferentes fuentes que pueden ser contrastadas y verificadas.

3. Transparencia

En todo momento la información proporcionada fue objetiva por todos los medios y las respuestas que se dieron a los usuarios fueron claras y ordenadas, aunque no muy puntuales.

4. Escuchar al público

Al hilo del punto anterior, en muchas ocasiones cuando se respondía a los usuarios esta respuesta ya no tenía valor porque el huracán ya había pasado por su zona.

Un aspecto positivo en este punto fue la incorporación de vídeos aclaratorios por parte tanto de FEMA como de NHC en el que los portavoces aclaraban de una sola vez varias cuestiones surgidas y actualizaban la información con palabras tranquilizadoras y cercanas.

5. Planificación

Como argumenta NHC en la entrevista realizada, tienen establecido un protocolo concreto de comunicación y respuesta, lo que les permite organizar bien cuándo y cómo dar la información lo que crea una sensación de seguridad.

En el caso de Pwoteksion Sivil, la organización asumió ser portavoz en las redes casi sin pretenderlo ya que ni el gobierno en funciones ni otro organismo estatal publicaron información al respecto.

En el caso de FEMA, normalmente es el organismo encargado de gestionar cuestiones que amenacen la estabilidad del país, por lo que su comunicación también fue ordenada y estructurada.

4. Conclusiones y recomendaciones

En lo que concierne al uso de redes sociales en catástrofes naturales, es evidente que Twitter es visto tanto por organizaciones como usuarios como una herramienta más profesional en el ámbito informativo que Facebook, aunque todas ellas actúan correctamente al compartir contenido e información en ambas redes. Los mensajes también se adaptan a cada una de ellas pues, mientras que en twitter predominan los mensajes informativos, en Facebook el contenido preventivo es muy elevado, acompañado de infografías y gráficos explicativos que hacen la información accesible para cualquier usuario.

Tras realizar el estudio y contrastar con otros estudios similares que se están desarrollando en otras universidades españolas y extranjeras se pone en evidencia la necesidad de estandarizar el proceso de selección de tuits y posts de Twitter y Facebook para su análisis.

En este caso la muestra no era demasiado extensa por lo que podía abordarse sin problemas pero, en casos de muestra mayor es necesario aplicar unos criterios de selección tales como rango de horas de publicación, relevancia del mensaje, palabras clave y/o hashtags utilizados.

A pesar de ello, resulta destacable señalar que el porcentaje de publicaciones con contenido preventivo es apenas un 22% por lo que los planes de comunicación en situaciones de crisis deberían apostar por este tipo de mensajes que tanto pueden ayudar a los usuarios.

Las fotografías e ilustraciones son otro elemento imprescindible y, aunque la mayoría de los mensajes analizados van acompañados de apoyo audiovisual, en ocasiones las imágenes escogidas no son relevantes o no son necesariamente útiles para el usuario que recibe el mensaje

Respecto al análisis cualitativo, a pesar de que se cumplen los protocolos y las recomendaciones que existen hasta el momento sobre comunicación en situaciones de crisis, la difusión de la información, sin embargo, podría tener más impacto.

Se proponen una serie de recomendaciones que podrían mejorar este tipo de comunicaciones:

1. Establecer una estrategia de respuesta a los usuarios: en ocasiones el *feedback* tarda en darse o no se da. Crear una recopilación de preguntas frecuentes y su respuesta puede ser una posible solución.

2. Mejorar la planificación. En este sentido han de tenerse en cuenta diversos factores y adecuarse al momento y al lugar de la catástrofe. Al menos, sería recomendable realizar tres publicaciones al día en horas punta (primera hora de la mañana, a la hora de comer y por la noche); estas publicaciones han de ir en los idiomas de la zona de la catástrofe; además, deberán ir acompañados de apoyo gráfico; los mensajes deberán ser concisos pero claros.

3. Crear un Comité que incluya expertos en la materia, algún representante del Gobierno con poder de decisión y, al menos, un periodista o *community manager* con experiencia en la gestión de crisis que transmita tranquilidad e información a los usuarios.

4. Disponer de recursos o de contactos a los que recurrir para dar respuesta a cuestiones imprevisibles. Por ejemplo, en el caso estudiado muchos usuarios consultaban qué hacer con las mascotas. Este aspecto ya se recopiló en el estudio llevado a cabo por Morlick-James, Graham Murdoch y Judith Petts, Social amplification of risk. En él los autores analizan cuestiones triviales que suceden durante las catástrofes naturales y que suponen una preocupación para los usuarios.

5. Bibliografía

- Bertot, J. C., Jaeger, P. T., & Grimes, J. M. (2010). "Crowd-sourcing transparency: ICTs, social media, and government transparency initiatives." En Proceedings of the 11th Annual Digital Government Research Conference on Public Administration Online: Challenges and Opportunities (pp. 51–58).

- Bertot, J. C., Jaeger, P. T., & Hansen, D. (2012). "The impact of polices on government social media usage: Issues, challenges, and recommendations". En Government information quarterly, 29(1), 30-40.

- Blázquez, J. M. (2016). Participatory worlds: models of collaborative textual production beyond the entertainment industry. PDF. Antae, 3(3), 310-323. [26/2/2017] <http://eprints.nottingham.ac.uk/39820/1/PW_published%20version.pdf>

- Bortree, D., Seltzer, T. (2009). Dialogic strategies and outcomes. An analysis of environmental advocacy groups' Facebook profiles. Public Relations Review 35 (3), 317-319. DOI: 10.1016/j.pubrev.2009.05.002.

- Castello´-Marti´nez, A., Del Pino-Romero, C., & Ramos-Soler, I. (2014). Twitter como canal de comunicación corporativa y publicitaria. PDF. Servicio de Publicaciones de la Universidad de Navarra. [13/1/2017]. <http://dadun.unav.edu/handle/10171/36269>

- Echezarreta, V. S., y Mantini, M. (2012). Del Mitch a Fukushima pasando por Haití: las emergencias ambientales en las redes sociales de las ONGD. En Comunicació i risc: III Congrés Internacional Associació Espanyola d'Investigació de la Comunicació (p. 113). Universitat Rovira i Virgili.

- Fernández Torres, M. J., y Paniagua, F. J. (2012). "El poder de las redes sociales en la política y en los movimientos sociales". En Cotarelo, Ramón y Crespo, Ismael (comp.) La Comunicación Política y las Nuevas Tecnologías. Madrid: La Catarata.

- Flores Vivar, J. M. (2009). "Nuevos modelos de comunicación, perfiles y tendencias en las redes sociales". Comunicar, V 33.

- Gil Calvo, E. (2009): "Riesgo, incertidumbre y medios de comunicación". En Comunicar los riesgos. Ciencia y tecnología en la sociedad de la información. Biblioteca Nueva. 185-198.

- Telefónica, F. (2015). La sociedad de la información en España 2015 (Vol. 13). Fundación Telefónica.

- Hacker, K. L., & Van Dijk, J. (Eds.). (2000). Digital democracy: Issues of theory and practice. Sage.

- Huang, C. M., Chan, E., & Hyder, A. A. (2010). Web 2.0 and internet social networking: A new tool for disaster management?- lessons from taiwan. BMC medical informatics and decision making, 10(1), 57.

- López, J. A. y Luján, J.L. (2000): Ciencia y política del riesgo, Madrid, Alianza.

- Molina, S. G. (2016). Contenidos móviles para la comunicación de servicio 2.0 a partir de las redes sociales. Cuadernos. info, (39), 151-162.

- Moreno, C. y Luján L. (2009): "El principio de precaución en la comunicación de riesgo". En Comunicar los riesgos. Ciencia y tecnología en la sociedad de la información. Biblioteca Nueva. 133-154.

- Navarro, C., & Moreno, Á. (2013). "Las nuevas tecnologías en la comunicación estratégica. Análisis de los blogs corporativos en las empresas españolas". Razón y Palabra, (83).

- Pérez-Latre, F. J. (2011). Paradojas de la comunicación digital. Comunicar, V 33.

- Ponce, I. (2012). Monográfico: Redes sociales-Definición de las redes sociales. [29/12/2016] <http://recursostic. educacion. es/observatorio/web/es/internet/web-20/1043-redessociales>.

- Porter, J. (2008). Designing for the Social Web. Thousand Oaks, CA: New Riders Press.

- Quarantelli, E. L. (2005). Catastrophes are different from disasters: some implications for crisis planning and managing drawn from Katrina. Understanding Katrina: Perspectives from the social sciences.

- Rojano, F. J. P., & Calderón, B. J. G. (2012). Hacia la comunicación 2.0. El uso de las redes sociales por parte de las universidades españolas. Revista ICONO14. Revista científica de Comunicación y Tecnologías emergentes, 10(3), 346-364.

- Rowena, L.B. y otros (2011). Keeping up with the digital age: How the American Red Cross uses social media to build relationships. Public Relations Review, 37 (1), 37-43.

- Quesada, P. G. (2014). Las Consecuencias del Determinismo Tecnológico en las Comunicaciones en caso de desastres Naturales: El caso chileno. Revista Estudios Cotidianos, 2(1), 2-23.

- Romero Portillo, J., & Vidal Vega, J. (2010). La gestión de las redes sociales: estrategias de apertura en los medios de comunicación tradicionales. En La Comunicación Social, en estado crítico. Entre el mercado y la comunicación para la libertad. II Congreso Internacional Latina de Comunicación Social (19 pp.). La Laguna (Tenerife): Sociedad Latina de Comunicación Social, SLCS.

- Sánchez Calero, M.L. (2016). "Procesos cualitativos en la Comunicación de Catástrofes y Desastres de Origen Natural: el discurso de los Expertos frente al discurso de los Periodistas". Revista Redes. ISSN: 1139-9422.

-

- --------------------------- (2006). La Información Especializada en la Gestión de la Crisis. Editorial Fragua. Madrid 2006. ISBN 84-7074-185-3

- --------------------------- (2017). Periodismo de riesgo y catástrofes. En los telediarios de las principales cadenas de televisión en España. Madrid. FraguaShirky, C. (2011). The political power of social media: Technology, the public sphere, and political change. Foreign affairs, 28-41.

- Waters, R.D. y Jamal, J.Y. (2011). Tweet, tweet, tweet: A content analysis of nonprofit organizations' Twitter updates. Public Relations Review, 37 (3), 321-324.

- Wendling, C., J. Radisch and S. Jacobzone (2013), "The Use of Social Media in Risk and Crisis Communication", OECD Working Papers on Public Governance, No. 24, OECD Publishing, Paris. [13/01/2017] <http://dx.doi.org/10.1787/5k3v01fskp9s-en>

Anexo 1.

1. The National Hurricane Center (NHC) has responsibility for issuing advisories on all tropical cyclones in the Atlantic and eastern North Pacific Oceans, so we are continuously providing information during hurricane season (May 15-November 30). We issue various text and graphics products for each of these cyclones, which most users get on our webpage (www.hurricanes.gov). We also do daily updates on Facebook to provide an overview of tropical weather, and each of our advisories is sent out on Twitter as well. The biggest change that happens when a hurricane approaches land is that the frequency of information increases, and we provide more frequent updates via our online products and on social media. So, for example, by the time a hurricane is about to make landfall, we are continuously disseminating information via our webpage and social media channels. Also, when an area of the U.S. coastline is under a hurricane warning, we open at media pool at NHC so that our Director can communicate directly with national and local media outlets and provide on-air interviews.

2. Because we have such a set protocol, there's not much decision when it comes to what's the appropriate type of information to send. Our mission is to only communicate the hurricane forecast--where the storm is expected to go, how strong it will get, how big it will get, and what types of hazards (wind, flooding, etc.) it will produce on land. Any type of information beyond those factors is beyond the scope of what we can provide. State and local governments are in charge of communicating more comprehensive preparedness and evacuation information for their constituents.

3. In Hurricane Matthew, we followed the same communication protocol that I described in #1. We issued our full suite of tropical cyclone advisories every 6 hours, with more frequent hourly information provided when Matthew was very close to the U.S. coastline. The pictures we provide are the graphics that show where the hurricane was forecast to go, as well as probabilistic maps that show the chances of strong winds and storm surge flooding.

4. We do not have a community management department, but we do have a public affairs officer who works at NHC. Although we communicate via social media, we do not have anybody dedicated to answer questions from users on social networks. We only have enough employees to create our forecasts, and that's our main focus during a hurricane event. If people in the community have questions about what they should do before a hurricane, we usually direct them to contact their local emergency management office. In the United States, most preparedness and evacuation decisions are made by state and local emergency management offices, and not the

National Weather Service. The National Weather Service is a part of the federal government, which does not make the decision on local-scale evacuations.

5. Most people have questions about where the storm is going, and what it is going to do where they live (how strong will the winds be, how high will the storm surge get, how much rain will they get, etc.). Some people ask about what they should do to prepare, but most people know that they should direct those types of questions to their local emergency managers. We don't have all the necessary information or authority to answer many of those types of questions. We generally only focus on the weather-related questions.

Anexo 2.

(Esta ha sido la única respuesta que me han dado al cuestionario que solicité)

Pour les situations d'urgence, nous travaillons sur la base d'un manuel de procédures qui prend en compte plusieurs fonctions, dont la fonction de l'information du public.

(Para las situaciones de riesgo trabajamos sobre la base de un manual que tiene en cuenta diversos aspectos como la función informativa hacia el público).

CAPÍTULO VII

ESTRATEGIAS DE COMUNICACIÓN GUBERNAMENTAL EN SITUACIONES DE CRISIS EN ESPAÑA. ESTUDIO DE CASO: TRATAMIENTO PERIODÍSTICO DEL ACCIDENTE DEL TREN ALVIA EN SANTIAGO DE COMPOSTELA (2013)

Celia Sánchez Leiro
Universidad de Sevilla

1. Introducción

Las situaciones de crisis o emergencia son un punto muy importante dentro del plan de comunicación. En muchas ocasiones este tipo de coyunturas marcan la línea que divide el triunfo en la gestión de una crisis de una empresa o institución y el más rotundo fracaso, que podría sumirla en un pozo sin fondo del que sería complicado salir. Es por ello que se han dedicado numerosos estudios al gran problema que supone componer una buena estrategia o estrategias de comunicación en crisis para salir de ellas con las mínimas consecuencias posibles.

Por eso, para la realización de este estudio se ha decidido incidir en un caso concreto. Con ello se pretende averiguar si toda esta información y experiencias que se tienen con las situaciones de crisis ha servido para algo y se tiene en cuenta a la hora de la verdad. Así, se ha tomado uno de los casos más recientes que se conocen para llevar a cabo esta comprobación.

El accidente ocurrido el 24 de julio de 2013, además de tener gran repercusión a nivel nacional, fue conocido internacionalmente. Por un lado, debido a la gravedad del mismo, ya que se trata del peor desastre ferroviario que se conoce desde hace 40 años[22] en la historia de España. Por el otro, también llegaron a medios internacionales noticias referentes a las actuaciones políticas derivadas del caso. Un ejemplo fue el error cometido por el gabinete de la Presidencia al mezclar en un comunicado el descarrilamiento del Alvia con el que iba dirigido a China a causa de un terremoto

---

[22] El accidente de tren al que se hace referencia, ocurrido 40 años antes, es el que tuvo lugar el 3 de enero de 1944 en Torre del Bierzo por un fallo mecánico. No se conocen con exactitud el número de fallecidos, ya que se cree que el Régimen Franquista manipuló y ocultó información relativa al caso.

acontecido en la región de Gansu. Todo esto se abordará con más detenimiento en las siguientes páginas.

Así, se ha considerado que el caso del accidente del tren Alvia era adecuado para todo lo que se quiere verificar. Principalmente, nuestro objetivo es confirmar si es cierto que las estrategias de comunicación en este tipo de coyunturas son imprescindibles para salvarlas apropiadamente. Aunque también interesa comprobar si, en esta ocasión, el Gobierno del Partido Popular ha sido capaz de llevar a cabo unas buenas estrategias de comunicación o no y, sea cual sea la respuesta, cuáles han utilizado y cuál ha sido el resultado obtenido tras aplicarlas.

1.1. Objetivos

Objetivo general:

- Conocer la importancia del uso de estrategias de la comunicación política gubernamental mediante el análisis de un conflicto como el accidente ferroviario del Alvia en Angrois, Santiago de Compostela, ocurrido el 24 de julio del 2013.

Objetivos específicos:

- Analizar las diferentes estrategias de comunicación institucional gubernamental utilizadas en situaciones de crisis.

- Comparar la comunicación del Gobierno del PP ante este conflicto con otras situaciones como el desastre del Prestige y los atentados del 11-M.

- Estudiar a través del discurso de las fuentes en los medios los posibles errores cometidos por el gabinete de comunicación del Gobierno y las consecuencias para los ciudadanos.

- Investigar la posición de los medios y analizar el tratamiento de la información relativa al accidente.

1.2. Hipótesis

Entre las hipótesis sobre las que se fundamenta este trabajo se encuentran:

- El uso incorrecto de estrategias influye en la disminución de la seguridad y la confianza de los ciudadanos en las políticas gubernamentales.

- El Gobierno del Partido Popular cometió errores en las estrategias de comunicación utilizadas para informar sobre el accidente del tren Alvia en Santiago de Compostela.

- Los acontecimientos imprevistos y la respuesta de los gobiernos ante ellos son una herramienta de confrontación política y electoral.

2. Metodología

Para realizar el presente estudio, ha sido necesario elegir el método de investigación correcto que permita extraer unas conclusiones y demostrar si las hipótesis y objetivos de los que parte el trabajo son correctos o no.

En esta investigación se ha decidido emplear el método del análisis de contenido. El análisis de contenido es un método cada vez más utilizado para estudiar el tratamiento informativo de un determinado acontecimiento en los medios de investigación y muy popular entre los que investigan los medios masivos "porque es una manera eficaz de investigar el contenido de los medios de comunicación" (Wimmer y Dominick 2001, p.134).

En páginas anteriores se ha dejado claro cuáles van a ser las hipótesis de las que vamos a partir y los objetivos a los que se pretende llegar a lo largo de esta investigación. Para ello, además, se va a utilizar una ficha de análisis mediante las que se estudiarán las noticias seleccionadas en varios medios de comunicación. En este caso, se examinarán las noticias *de El Mundo* y *El País*, desde el accidente de Santiago el 24 de julio de 2013 hasta el 30 de septiembre (si de este último día existiera alguna información con relación al asunto). En total se analizarán 108 noticias a través de la ficha de análisis. Para J. L. Piñuel, esta ficha funciona a modo de cuestionario al investigador:

> Es una plantilla para el registro de datos a re-leer, re-escuchar o re-visualizar cada una de las segmentaciones del corpus, contempladas en el libro de códigos. (...) Se trata de un cuestionario que el analista rellena como si él fuese un encuestador que hace preguntas a sí mismo y las responde a la medida de su apreciación de cada segmento leído, escuchado o visualizado (2002, pp. 23-24).

La ficha de análisis que se utilizará en el estudio se ha creado a partir del modelo propuesto por la doctora y profesora Concha Pérez Curiel (2005), y se ha adaptado a las necesidades que planteaba esta investigación.

Esta ficha específica es necesaria para conseguir verificar las hipótesis y conseguir los objetivos planteados. Las variables que están incluidas en ella son las siguientes:

Medio de comunicación, fecha, sección, acontecimiento informativo, tema, protagonistas, escenario de los hechos, antecedentes, relación con otros hechos (si aparecen en la noticia), género informativo, antetítulo, título, subtítulo, autor y data, tipos de fuentes protagonistas, tipos de citas (directas e indirectas), un apartado para los recursos gráficos que aparecen en la información y, como cierre, las conclusiones que se han obtenido tras completar la ficha por completo.

El enfoque se centra especialmente en las fuentes que aparecen en la noticia. Por lo que se realizará una clasificación de ellas, dependiendo de varios aspectos:

1. Fuentes orales o escritas y documentales.

2. Directa o indirecta

3. Institucional o no institucional

4. Gubernamental o no gubernamental

5. Experta o no experta

6. Individual o colectiva

7. Habitual o temporal

8. Datos adicionales: medio de comunicación, agencia de comunicación, etc.

Tras el análisis de todas las noticias seleccionadas, obtendremos una serie de resultados que se plasmarán en varios gráficos y conclusiones por escrito. En ellos nos basaremos para, posteriormente, contrastarlos con las hipótesis que planteamos al inicio del trabajo y averiguar si son o no ciertas.

La elección de los periódicos *El País* y *El Mundo* para aplicar el análisis de contenido no es casualidad. Desde el primer momento se decidió por la prensa escrita ya que ésta permite analizar mejor cada una de las noticias y recopilar tanto las fuentes que aparecen como las citas de las mismas. Además, el proceso es más sencillo a la hora de recopilar todas las informaciones. Se optó por la versión digital de estos porque contienen muchísimas más noticias relacionadas con el accidente que la versión impresa.

Así, dos de las mejores opciones que se barajaron y que cumplían todas estas exigencias fueron los dos periódicos seleccionados: de tirada nacional, con gran reconocimiento y enfrentados ideológicamente.

El periodo de tiempo en el que se encuentran las noticias seleccionadas está comprendido desde el 24 de julio de 2013, el día del descarrilamiento en el barrio compostelano de Angrois, hasta el 30 de septiembre de ese mismo año. La razón por la que se ha elegido como límite esta última fecha es debido a que, a partir del mes de octubre, las noticias relacionadas con el descarrilamiento del Alvia descienden de forma drástica. La mayor parte de informaciones se encuentran concentradas en la última semana de julio de 2013, es decir, desde el día después del accidente (día 25) hasta el 31 de ese mismo mes. Las noticias publicadas en agosto, aunque bajan en número en comparación al mes anterior, siguen siendo abundantes. El descenso se empieza a notar a partir de septiembre.

No se ha elegido una sección en concreto, se ha tenido como premisa el que fuera o fueran las noticias más importantes de cada día en relación con el descarrilamiento del Alvia.

A continuación, se adjunta un gráfico de barras en el que se muestra el número de publicaciones que tienen que ver con el siniestro del tren Santiago de Compostela difundidas en los tres meses en cuestión en las ediciones digitales de *El Mundo* y *El País*:

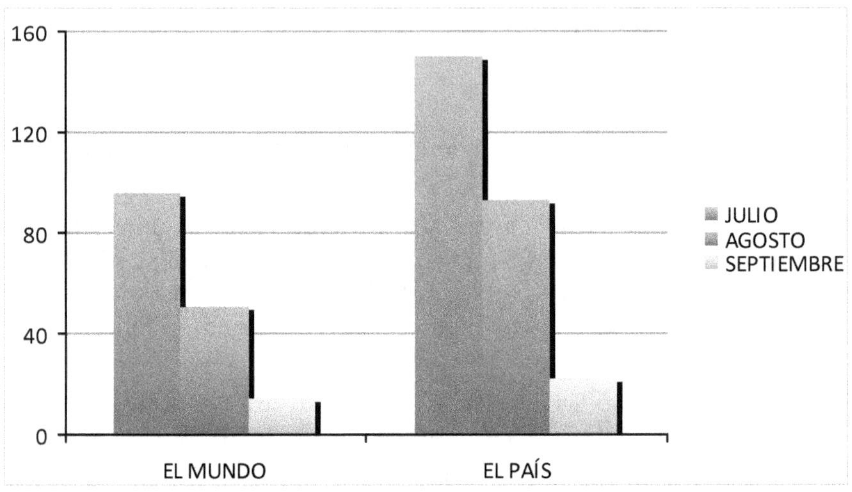

Gráfico 1. Total de noticias publicadas en las versiones digitales de El País y El Mundo por mes. **Elaboración propia con datos obtenidos de los medios de comunicación mencionados.**

Como se puede observar, el número de noticias totales publicadas por *El País* es bastante superior a las de *El Mundo*, sobre todo en los dos primeros meses en los que la diferencia llega a ser de más de 50 en julio y de más de 40 en agosto. También se puede apreciar el descenso que se va produciendo entre un mes y otro, y el gran decaimiento de informaciones que existe si comparamos agosto con septiembre.

Por otro lado, se intentó recoger un número relevante de noticias cada mes para poder así ver correctamente cómo los medios de comunicación retrataban la estrategia seguida por el Gobierno de Mariano Rajoy después del accidente ferroviario. Se eligió la noticia más relevante de cada día en ambos medios de comunicación, a excepción de la última semana de julio, en la que se eligieron tres por cada día al haber una gran cantidad de información publicada en un espacio de tiempo muy reducido.

Aun así, se encuentran días en agosto y septiembre en los que no hay ninguna noticia sobre el tema, por eso se hallan variaciones en el número de noticias dependiendo del mes.

En la siguiente representación se señala lo anteriormente expresado:

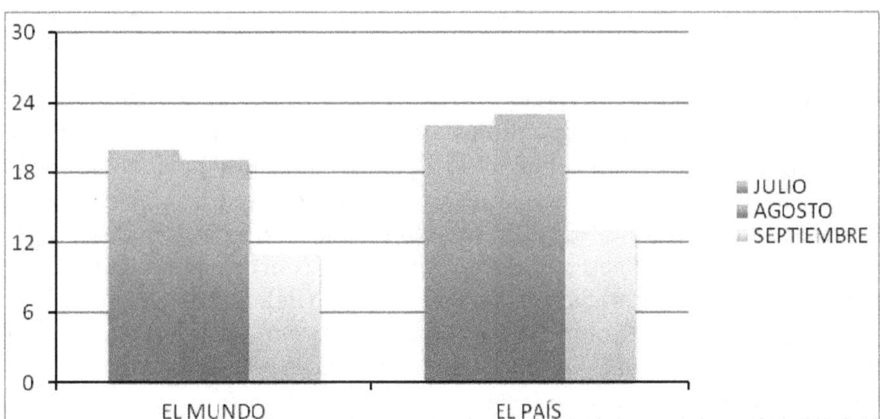

Gráfico 2. *Total de noticias analizadas por mes. Elaboración propia realizada a partir de las noticias analizadas.*

De nuevo, se puede apreciar en el gráfico que hay un número mayor de noticias procedentes del medio de comunicación El País en los treses meses (58) que de El Mundo (50). Esto significa que ha habido más días en los que éste último no ha publicado nada referente al siniestro del Alvia en comparación con El País. En total se han analizado 108 noticias de ambos periódicos.

3. Breve marco teórico

3.1. Comunicación y crisis

El accidente del Alvia en Santiago el pasado 24 de julio de 2013 trajo consigo una situación crítica tanto a lo que se refiere al Gobierno gallego, presidido por Núñez Feijoo, como al Ejecutivo español, con Mariano Rajoy a la cabeza. Así, se tuvieron que llevar a cabo una serie de maniobras para gestionar y salvar de forma correcta dicha crisis. La comunicación en este tipo de casos ayuda a salvar las dificultades y a hacer que la emergencia se gestione lo mejor posible.

3.1.1. Situación de crisis: definición y características

En primer lugar, es necesario saber qué se entiende por <<crisis>> dentro de una organización o empresa. Según apunta Jaume Fita (1999), una crisis suele traer consigo la distorsión de la rutina y las actividades normales de la institución a la que afecte. Una de las características principales de la crisis es el factor sorpresa con el que cuentan, y quizás sea uno de los que más hacen mella en las organizaciones. Las crisis se producen en el momento en el que uno menos se lo espera, "realmente si supiéramos con antelación cuándo va a producirse una crisis, ésta no se produciría nunca" (íb, p.195). Por tanto, la dificultad principal de una situación de conflicto viene a ser la imprevisibilidad de éstas.

Por su parte, López-Quesada (2003, p.14), presenta una definición de crisis, aunque aplicada a un ámbito general, como "momento de cambio, un punto decisivo en la evolución de alguien o algo, que puede tener consecuencias tanto positivas como negativas". De aquí se puede deducir que la crisis trae consigo un cambio, mayor o menor, en el sistema en el que incide. Además, el experto hace hincapié en la connotación negativa que guarda el término <<crisis>> al aplicarse dentro del mundo de la empresa o de lo político, por ejemplo. El autor hace referencia a la predisposición de estos a evitar de cualquier modo una tesitura de este calibre debido a la tarea que puede traer consigo.

Las crisis también tienen su vertiente pública y mediática, como señala María Luisa Sánchez Calero (2006). Esto es así porque cuando una crisis sacude a una empresa o institución con gran renombre o que forma parte del ámbito público, los medios de comunicación suelen hacerse eco de ella "y dan al disfuncionamiento que ha generado la crisis una importancia renovada" (íb, p.32) que apunta a la empresa como la responsable de los hechos, lo que obliga a que ésta se excuse o dé explicaciones ante su público. La autora recalca que este tipo de circunstancias resultan ser uno de los sucesos más característicos en lo que respecta a la gestión de la comunicación en una empresa. Se apuntan dos motivos principales para Sánchez Calero:

> Primero, porque una crisis sea de la naturaleza que sea afecta a la totalidad de la organización, a su imagen corporativa y en tal sentido, la respuesta ha de ser igualmente global. La segunda razón, tiene que ver con la idea misma de la gestión comunicativa y con los objetos prioritarios de dicha gestión, uno de los cuales, por la trascendencia que puede alcanzar la crisis, tiene que estar previsto para su correcta aplicación inicial (íb, p.17).

Así, lo normal para prevenir una crisis es que la empresa o institución cuente con un plan preventivo de la misma, además de un manual que pueda utilizar en caso de que le sorprenda algún tipo de situación conflictiva.

La comunicación dentro de una crisis es un pilar fundamental sobre el que construir la recuperación de la organización de la misma. El manual de crisis nos debe ayudar en esta ocasión, ya que gracias a él se debe contar con un sistema de prevención que nos alerte detectar el conflicto antes de que sea demasiado tarde. Este sistema de prevención y de actuación ante una crisis no está demasiado arraigada en España, aunque la gestión de una crisis es diferente dependiendo el tipo de empresa o institución a la que dañe. Según determina Fita "no tienen un contexto cultural adecuado, cuando una empresa se enfrenta a una crisis busca la solución en contratar a una agencia especializada que, normalmente, actúa defendiendo a la organización de los <<ataques>> informativos que le puedan causar los medios de comunicación y así intentan conseguir una mejor prensa hacia la opinión pública" (1999, p.135). Sánchez Calero (2006) coincide con el autor al afirmar que en la empresa española todavía se le da poca importancia al plan de gestión de crisis.

Desde luego no se trata de una de las mejores opciones que puede tomar una organización afectada por una situación crítica. Podría ser esta falta de práctica en cuanto a crisis en el terreno español lo que explicaría en cierta forma la falta de acierto en cuanto a las decisiones tomadas a la hora de gestionar una crisis.

Uno de los principales consejos que dan los expertos para cuando se detecta una situación de este calibre es el hecho de no caer en el conocido <<síndrome del avestruz>>. Esto vendría a ser el hecho de desaparecer en cuanto aparece la crisis sin dar la cara en ningún momento. Los autores indican que es algo en lo que no se debe caer, ya que, aunque no se le proporcione información al público de primera mano, "siempre habrá quien ocupe este lugar y consiga que se publique su versión" (Sabés y Verón 2008, p.80).

Cuando hay que comunicar, la organización debe saber en todo momento a quién se están dirigiendo sus mensajes. En muchas ocasiones se dice que en los primeros veinte minutos o en la primera hora desde que la situación es considerada crítica, se debe tomar por lo menos una decisión importante, aunque casi siempre la primera decisión importante que se toma en estos casos es el de darle a la situación el rango de crisis (M. López-Quesada, 2003).

El segundo paso para tener en cuenta, en el caso de que la crisis aparezca reflejada en los medios de comunicación como ocurre en el accidente del Alvia en Santiago, es el enviar un mensaje haciendo referencia a todas las personas y víctimas que haya traído consigo la crisis, aprovechando los medios de comunicación como un altavoz:

Por eso, el primer mensaje que deberán transmitir los directivos de la empresa es el de pésame por las víctimas y el deseo de pronta recuperación para el resto de los afectados que, por supuesto, contarán con toda la ayuda necesaria para estar cuanto antes de vuelta con sus familias.

Por encima de cualquier otra consideración, las personas, y muy especialmente las víctimas, merecen siempre el primer lugar en nuestras comunicaciones.

Este tipo de mensajes, más basados en lo emocional que en la enumeración de datos y explicaciones técnicas, son especialmente adecuados para los medios calientes porque transmiten ideas sencillas y sentimientos, porque resultan creíbles o falsos, pero nunca indiferentes para la audiencia. y ante una crisis grave, hay que mojarse; la indiferencia o la tibieza no sirven. Hay que dar la cara. (íb:50-51)

La comunicación se deberá basar en el envío de notas, comunicados, ruedas de prensa, entrevistas, etc. Siempre intentando aportar nueva información, si se dispone de ella, pero nunca se darán más datos de los que se pidan, mucho menos si éstos no los tenemos al cien por cien confirmados. La relación con los medios de comunicación debe ser cordial y sin desatender en ningún momento sus peticiones, ya que podría volverse en contra de la organización. Los autores Sabés y Verón (2008) advierten que, si no está claro cómo actuar o qué decir, siempre se puede recurrir a la publicación de un comunicado "en el que no se comprometa la posición propia y en el que anuncie una próxima comparecencia, por ejemplo" (íb, p.81).

3.1.3. Fases y estrategias

Si bien es cierto que no todas las crisis son iguales ni afectan de la misma forma a una organización, hay establecidas una serie de fases por las que normalmente pasan todas las situaciones de emergencia.

No hay un consenso sobre las etapas que conforman la vida de una crisis. Jaume Fita (1999), mencionando a dos expertos como Piñuel y Westphalen, hace referencia a cuatro ciclos principales que conforman la mayor parte de las crisis: fase preliminar, fase aguda, fase crónica y fase postraumática.

En la fase preliminar, se empiezan a notar signos de que algo está fallando dentro del normal funcionamiento de la organización, puede ser desde el descontento de los trabajadores hasta una manifestación que concierna a la empresa o institución. Le sigue la fase aguda, exactamente es cuando la crisis estalla. Los medios de comunicación se hacen eco de lo sucedido. A partir de este momento la organización debe buscar resolver el problema sea como sea, las decisiones que se tomen en este punto serán fundamentales para salir del pozo o hundirse aún más.

En la fase crónica se van produciendo diversos acontecimientos relacionados con el hecho que originó la crisis. Los medios de comunicación muestran las distintas reacciones que han tenido los participantes directos e indirectos en la misma. Es el periodo en el que se abren investigaciones, se producen negociaciones entre los implicados, etc. Cuando la crisis pasa se establece la fase postraumática. En este caso se hace una reflexión sobre todo lo que ha ocurrido durante el desarrollo de la crisis. Se valora qué ha fallado, qué se puede mejorar y qué se ha hecho de forma correcta.

A la hora de afrontar una crisis existen también distintas estrategias que la empresa o institución pueden llevar a cabo, si es la que consideran la más acertada. Entre las más frecuentes se encuentran, según M. López-Quesada (2003) y J. Fita (1999):

- La estrategia del silencio: cuando se cree que la mejor opción es no dar ningún tipo de respuesta o hacer declaraciones al respecto del tema. "Cuando se piensa que la mejor respuesta es no decir nada, se olvida que el silencio también habla de nosotros (López-Quesada 2003, pp.19-20).

- La estrategia de negación: como el nombre apunta, se trata de negar todo aquello de lo que te acusan o de los actos que se te otorgan. Puede resultar una buena estrategia si la información que se vierte es errónea o no tiene ninguna motivación tras ella.

- La estrategia de transferencia de responsabilidad: Se le pasa la culpabilidad a un tercero, ajeno o no a la empresa, para que ésta pueda salvarse. Es una estrategia que resulta efectiva solo a corto plazo, ya que, tarde o temprano, la empresa deberá dar la cara.

- La estrategia de la confesión o asunción de culpa: Es totalmente lo opuesto a la estrategia anterior. La organización reconoce la parte de culpa que toca. Si se hace bien, repercutirá de forma positiva en la empresa o institución, ya que le aporta un plus de responsabilidad. Fita afirma que "esta estrategia si no va acompañada de explicaciones puede ser considerada como mínimo de suicida" (1999, p.162)

- La estrategia de proactividad controlada: López-Quesada (2003) con ella se refiere a cuando la organización toma la iniciativa de comunicar sin que nadie se lo haya pedido, y controla el mensaje de forma que no cabe lugar a dudas sobre la información que se proporciona.

Se podría considerar que el gobierno del Partido Popular (PP) días después de producirse el accidente del Alvia en Santiago utilizó alguna de estas estrategias al ver que la mayor parte de la responsabilidad se la otorgaban a ellos. Una de ellas fue la de transferencia de la responsabilidad. Por ejemplo, los representantes populares apuntaban al anterior gobierno socialista como culpable de la poca seguridad de las vías y, por tanto, el causante del accidente. En concreto las acusaciones se centraron sobre el exministro José Blanco, que poseía la cartera de Fomento entre 2009 y 2011, durante la segunda legislatura de José Luis Rodríguez Zapatero.

Con este apartado, dedicado a las diferentes tipologías y fases que componen una crisis, concluye el epígrafe del marco teórico. A lo largo de él se ha podido comprobar el vínculo que existe entre la comunicación política y la institucional, lo que son las estrategias de comunicación y la gran importancia que tienen éstas para el desarrollo de la vida política. Por último, también se ha tratado un punto tan importante para este trabajo como son las situaciones de emergencia o crisis.

4. Resultados

En este apartado se mostrarán alguno de los resultados más relevantes extraídos de las fichas de análisis aplicadas a cada una de las noticias. Entre ellos destacan, por ejemplo, las citas y las fuentes de información utilizadas por cada medio de comunicación. Para dejar los resultados más claros, se acompañará la explicación con un gráfico, como en el enunciado anterior.

Se ha mencionado que las citas son una parte muy importante a tener en cuenta en un análisis de contenido, ya que cuantas más citas contenga una noticia, más credibilidad puede aportar a ésta. Esto ocurre sobre todo si se trata de citas directas, aunque puede que vaya en detrimento de la elaboración de la misma. Así, para que una información sea correcta, lo indicado es que haya un equilibrio entre las citas y la aportación del propio periodista en la redacción.

Primero, se expondrán los resultados de las citas directas e indirectas de ambos periódicos para ver cuál de ellas supera a la otra:

Gráfico 3. Proporción de citas directas e indirectas de las noticias analizadas. Elaboración propia con datos tomados de las fichas de análisis de El Mundo.

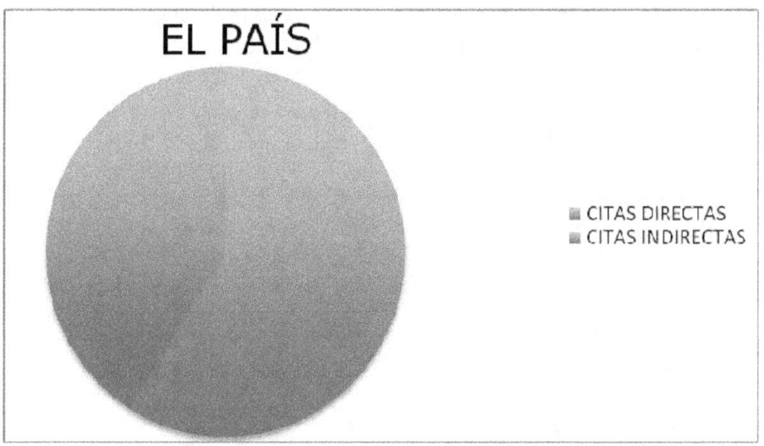

Gráfico 4. Proporción de citas directas e indirectas de las noticias analizadas. Elaboración propia con datos tomados de las fichas de análisis de El País.

En ambos gráficos existe un mayor número de citas directas que de indirectas. En principio esto puede ser considerado una buena señal, porque significaría que ha habido muchas declaraciones por parte de diferentes personas vinculadas directa o indirectamente al accidente. Esto aporta una mayor riqueza a la información. Sin embargo, se ha apreciado que en muchas ocasiones las noticias que contaban con muchas citas directas no incluían demasiado contenido propio del periodista, y se pueden encontrar en ellas párrafos completos únicamente dedicados a recoger las declaraciones entrecomilladas.

Aunque hay una distancia notable entre las citas directas e indirectas *en El País*, sobresaliendo en número las directas por más de 150; en *El Mundo* esto es menos evidente, ya que la diferencia ronda las 30 citas. Esto puede deberse a que *El País* ha podido recoger un mayor número de testimonios de personas de distinta clase (políticos, instituciones, vecinos, bomberos, amigos del maquinista, etc.) que *El Mundo*, que se ha centrado más en lo que respecta a lo institucional y político. Por tanto, en este sentido la información de *El País* cuenta con más perspectivas, lo que hace que en general esté más completa.

Para comprobar mejor esta desigualdad entre los distintos tipos de citas en ambos periódicos, la siguiente representación compara las citas directas por un lado y las citas indirectas por el otro:

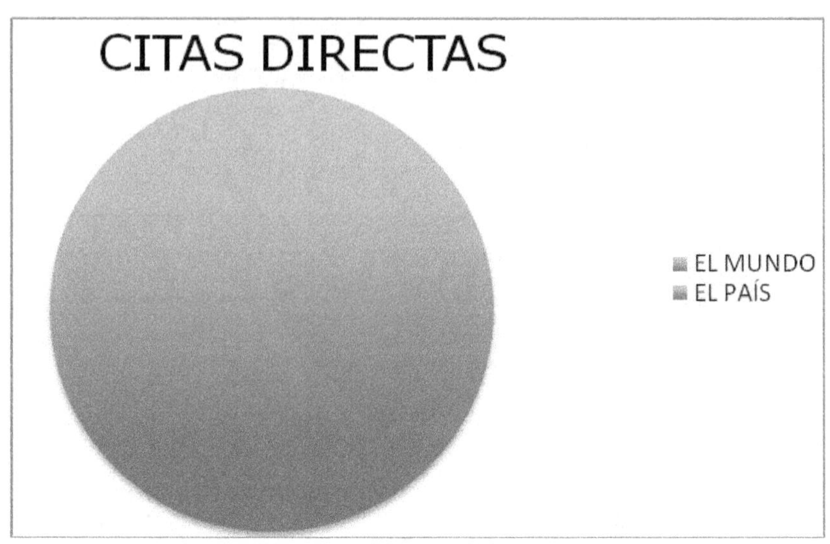

Gráfico 5. Comparación de citas directas entre El Mundo y El País. Elaboración propia a partir de los datos obtenidos en las fichas de análisis de ambos periódicos.

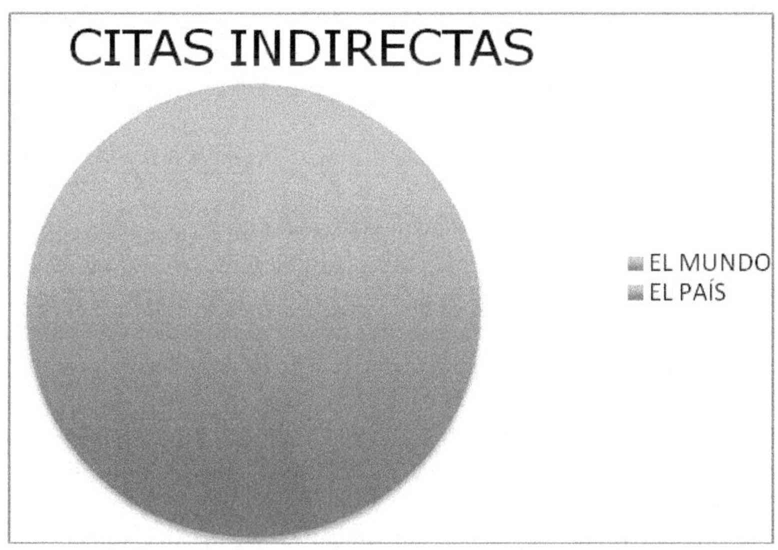

Gráfico 6. Comparación de citas indirectas entre El Mundo y El País. Elaboración propia a partir de los datos obtenidos en las fichas de análisis de ambos periódicos.

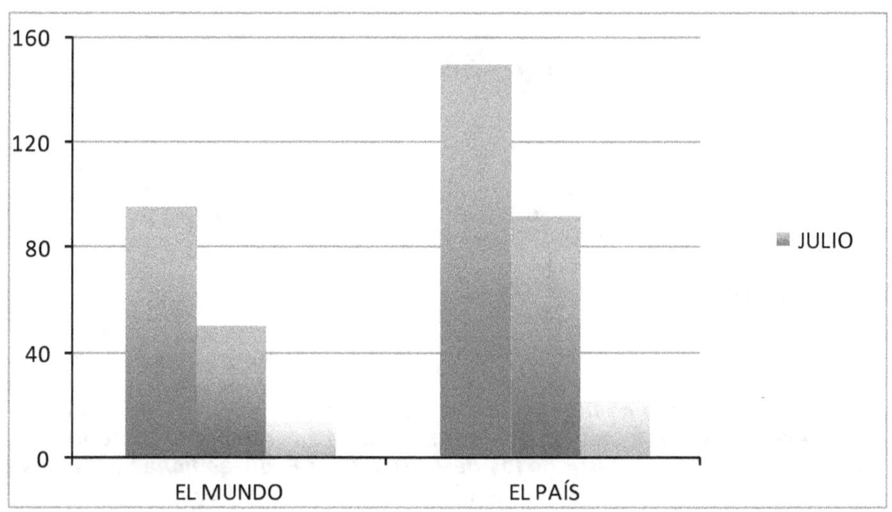

Como se puede ver, en ambos casos El País *supera en número de citas a* El Mundo, *como ya era previsible. La diferencia más significativa está en las directas, ya que* El País *tiene alrededor de 200 citas directas más que* El Mundo. *Aunque, como se ha expuesto anteriormente, se han analizado menos noticias de este último medio, esto no es el causante de la gran desigualdad que existe en este caso. La explicación es la que se ha aludido con anterioridad:* El País *recoge más voces, más puntos de vista, que* El Mundo.

Esto puede deberse al posicionamiento ideológico que tiene cada uno de los medios de comunicación. Mientras que *El Mundo* está más vinculado a la derecha por su línea editorial, recoge prácticamente casi en exclusividad las fuentes más oficiales, por así decirlo; *El País* también reúne los relatos de otras entidades o personas que están de alguna forma vinculadas con el accidente ferroviario.

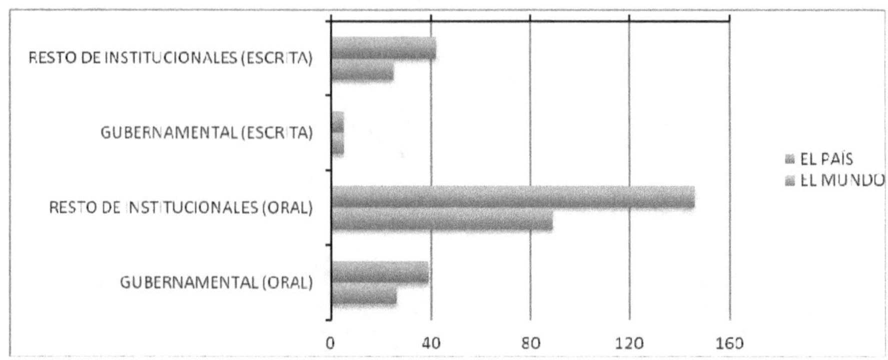

***Gráfico 7. Número de fuentes institucionales vinculadas al Gobierno y el
resto de fuentes institucionales clasificadas por tipo oral y escrito.
Elaboración propia a partir de los datos resultantes de las fichas de análisis
aplicadas a las noticias de ambos periódicos.***

En el gráfico que aparece arriba, se clasifican las fuentes institucionales y las gubernamentales (también institucionales) que aparecen en las noticias analizadas. Por fuentes únicamente institucionales entendemos todas aquellas que no forman parte del Gobierno de turno, pero están dentro del resto de entidades que pertenecen al ámbito público. Por ejemplo, las directamente relacionadas con el Juzgado, la Policía, Adif o Renfe. Por supuesto también entrarán aquí los distintos representantes políticos que forman parte del Congreso de los Diputados y del Parlamento gallego, además de algunos líderes políticos internacionales. Las gubernamentales engloban a todos los ministerios y a los titulares de los mismos dentro del ámbito español, además de los representantes de los gobiernos regionales, que casi en exclusiva es la Xunta de Galicia, y local, en este caso el Ayuntamiento de Santiago de Compostela. Asimismo, se ha incluido en este grupo a las delegaciones del Gobierno en las distintas comunidades autónomas, en este caso, en Galicia[23].

También se hace una distinción entre las que son orales (ej. declaraciones en rueda de prensa o canutazos), de las que son escritas (ej. comunicados, autos o notas).

Esta clasificación ayuda a averiguar qué tipo de fuentes son las más usadas en ambos medios de comunicación y en qué forma llega la información que éstas aportan.

Como era previsible, en los dos periódicos aparece un número total mayor de fuentes en forma oral que en escrita. Mientras que *El Mundo* suma 30 fuentes escritas y 115 orales; *El País* consigue 47 escritas y 185 fuentes

---

[23] En la clasificación no se ha incluido las fuentes institucionales y gubernamentales internacionales, ya que no tienen demasiada relevancia en el presente estudio.

orales. Por tanto, es más que evidente que existe bastante diferencia, ya que el periódico de Prisa supera en todas las fuentes al de Unidad Editorial, salvo en lo que respecta a las gubernamentales escritas, en las que cuentan con 5 cada uno.

El hecho a destacar también es, como se ha estado viendo en anteriores gráficos, que el número de fuentes escritas y orales que utiliza El País (232) es muy superior a las que toma El Mundo (145). Al igual que sobresalen las fuentes que son únicamente institucionales, en comparación a las gubernamentales, en los dos periódicos, principalmente las orales. La diferencia es bastante importante si comparamos, por ejemplo, las gubernamentales (oral) de El País, que llegan a 39, con el resto de institucionales (oral), que ascienden a 146. Esto indica que el Gobierno no ha participado demasiado en la comunicación de crisis en esta ocasión, tal y como se refleja en estos medios. Bien es cierto que la información que sale del Juzgado para este caso es fundamental, pero no hubiera estado de más, por ejemplo, una mayor presencia del presidente del Gobierno, que pareció casi ausente durante la franja de tiempo que se ha analizado.

La siguiente representación se centra únicamente en las fuentes gubernamentales, tanto de forma oral como escrita, para clasificarlas dependiendo de su origen. En este caso estarán las locales, es decir, las que provengan del Gobierno de Santiago de Compostela; las autonómicas, aquellas que deriven de la Xunta de Galicia; las estatales, que procedan del Gobierno del Partido Popular liderado por Mariano Rajoy. El resto, en el que se encuentran gobiernos de otras comunidades autónomas, se ubicarán en la columna de "otros".

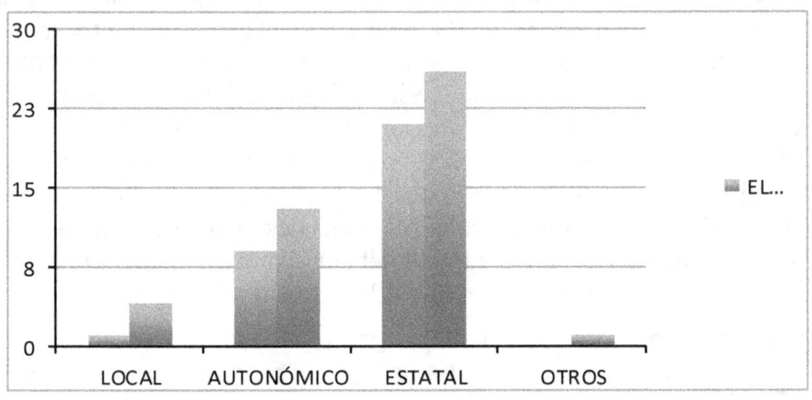

Gráfico 8. Clasificación de fuentes gubernamentales. En el gráfico también se indica el número en el que aparecen cada una de ellas. Elaboración propia a partir de los datos extraídos de las fichas de análisis.

Como se puede observar, en esta ocasión, las fuentes gubernamentales que más se repiten son las que pertenecen al Gobierno de España, seguido por el de la Xunta de Galicia y por último el ayuntamiento de Santiago de Compostela. En el caso de *El País* el cuarto lugar lo ocupan las fuentes de otros gobiernos regionales, entre los que únicamente se encuentra el de Cantabria.

En esta ocasión, es una buena señal para el Gobierno central que sea él el que cuente con un mayor número de fuentes totales en las noticias analizadas. Esta vez se demuestra que el Ejecutivo de Mariano Rajoy estuvo más presente de cara a los medios que el resto de administraciones.

Sin embargo, no es un buen dato si se compara el número total de fuentes con el de las informaciones que se han investigado, ya que las fuentes quedarían en poco más de 40, mientras que el conjunto de noticias es de 108. Por tanto, las fuentes que pertenecen al Gobierno no se corresponden ni a la mitad de las noticias analizadas. Así que, mirándolo bien no estuvieron tan presentes como a simple vista puede parecer en el gráfico.

Sorprende que *El Mundo* no supere en ninguna de las ocasiones en número a *El País*, ni siquiera en las fuentes estatales, ya que se partía de la base de que el periódico *El Mundo* es más afín en su línea editorial a la ideología del Partido Popular que el segundo.

5. Conclusiones

Realizada la investigación se puede concluir que:

1. Las estrategias de comunicación gozan de una gran importancia cuando se produce una situación de emergencia o crisis, ya que éstas ayudan a gestionar mejor la coyuntura y a conseguir a la persona o empresa, pública o privada, en cuestión llegar mejor al fin que pretende. En estos casos sería la superación satisfactoria y la pronta recuperación de la crisis. Asimismo, favorecen al establecimiento de un mejor flujo de información entre políticos y los distintos medios de comunicación, además de controlar los mensajes de forma más efectiva. Por supuesto, una buena estrategia debe ir acompañada de una buena organización, si no tampoco se obtendrá el resultado esperado.

2. En diversos gobiernos del Partido Popular, pero sobre todo en la legislatura iniciada en 2011 con Mariano Rajoy al frente, en la que se desarrolla el presente estudio, se ha comprobado que este partido no está preparado para afrontar una emergencia. Por lo menos, es la sensación que ha transmitido y lo que ha mostrado de cara a los medios de comunicación y a gran parte de la ciudadanía. Esto ha llevado a un clima de insatisfacción y desconfianza hacia el Gobierno, que podría

acabar pasándole factura como ocurriera en otras situaciones de crisis.

3. La respuesta del Gobierno y de los organismos e instituciones vinculadas a él ocasionó toda una cadena de errores desde el inicio del conflicto hasta el mismo procedimiento de instrucción del caso. El desconocimiento, la inseguridad y la falta de un plan estratégico de comunicación adecuado generó el escepticismo de los medios y de la opinión pública, además de afectar negativamente a la imagen del Ejecutivo. Estos hechos suelen tener también una repercusión en los resultados electorales para los partidos.

4. La investigación conduce a reflexionar sobre la importancia de contar con un Plan de Crisis y saber aplicar las estrategias adecuadas para que funcione. Sin duda se trata de un punto de debilidad, un "talón de Aquiles" de los partidos políticos, estén o no al frente del Ejecutivo. En definitiva, los partidos políticos y los gobernantes deben entender que una situación imprevista no debería tener como respuesta una actuación también imprevista.

6. Referencias bibliográficas

- Almansa, A. (2011). Del gabinete de prensa al gabinete de comunicación: la dirección de comunicación en la actualidad. (1ª ed.). Sevilla: Comunicación Social.

- Canel, M. J. (2006). Comunicación política: una guía para su estudio y práctica. 2ª edición. Madrid: Tecnos.

- ---------------------------- (1999). Comunicación política. Técnicas y estrategias para la sociedad de la información. Madrid: Tecnos. Colección de Ciencias Sociales.

- Fita, J. (1999). Comunicación en programas de crisis. Barcelona: Gestión 2000.

- Krippendorff, K. (1990). Metodología de análisis de contenido: teoría y práctica. Barcelona: Paidós.

- López, A. y de Santiago, J. (2000). Retórica y comunicación política. Madrid: Cátedra.

- López-Quesada, M. (2003). ¡Estamos en crisis!: lecciones prácticas sobre la gestión de situaciones de crisis en las organizaciones. Madrid: CIE Dossat 2000.

- Lakoff, G. (2011). No pienses en un elefante: lenguaje y debate político. Traducción de Magdalena Mora. 7ª reimpresión. Madrid: Editorial Complutense.

- Losada, J. C. (2010). Comunicación en la gestión de crisis: lecciones prácticas. Barcelona: UOC.

- Marín, F. (2005). Gestión técnica y de la comunicación en situaciones especiales: (crisis, emergencias y negociación). Madrid: Fragua.

- Martín, F. (1997). Comunicación en Empresas e Instituciones. Salamanca: Universidad de Salamanca – APM.

- ---------------------------- (2003). Comunicación empresarial e institucional. 3ª edición. Madrid: Universitas.

- Martínez, Y. (2011). La comunicación institucional: análisis de sus problemas y soluciones. Madrid: Fragua.

- Pérez, C. (2005): Estudio de las fuentes de información en el marco del Periodismo Especializado: estrategia de selección y tratamiento de las fuentes en las secciones de El Mundo y El País. [Tesis Doctoral]. Sevilla: Servicio de Publicaciones de la Universidad de Sevilla.

- -------------------------- (2011). La escalada del muro. Estrategias de fuentes y periodistas. Editorial Lambert Academic.

- Pérez, D. (2003). Técnicas de comunicación política: el lenguaje de los partidos. Madrid: Tecnos.

- Pérez, R. A. (2008). Estrategias de comunicación. 4ª edición. Barcelona: Ariel.

- Piñuel, J. L. (1997). Teoría de la comunicación y gestión de las organizaciones. Madrid: Síntesis.

- Porter, M. (1985). Competitive Advantage: Creating and Sustaining Superior Performance. New York: Free Press.

- del Rey, F. J. (1989). La comunicación política: el mito de las Izquierdas y Derechas. Madrid: Eudema.

- Reyes, A. (1961). "La Crítica en la Edad Ateniense. La Antigua Retórica". En: Obras Completas, XIII, México, Letras Mexicanas, F.C.E.

- Sabés F. y Verón J. J. (2008). La gestión de la información en la administración local. Sevilla; Zamora: Comunicación Social Ediciones y Publicaciones.

- Sánchez, M. L. (2006). La información especializada en la gestión de crisis. Madrid: Fragua.

- Wimmer, R. D. y Dominick, J. R. (2001). Introducción a la investigación de medios masivos de comunicación. México [etc.]: International Thompson.

- Yanes, R. (2009). Comunicación política y periodismo. Apuntes para la eficacia del mensaje persuasivo. Madrid: Fragua.

Webgrafía

- Betim, F. (2013). El pésame a Galicia cuela en el pleno de Valencia el accidente de metro. [Internet]. *El País*. [Fecha de consulta: 22/09/14]. Disponible en:

- <http://ccaa.elpais.com/ccaa/2013/07/26/valencia/1374864706 _284992.html>

- Brono, F. (2014). "Queremos políticos que sepan reconocer los errores". [Internet]. *El País*. [Fecha de consulta: 10/09/14]. Disponible en:

- <http://ccaa.elpais.com/ccaa/2014/08/03/valencia/1407091284 _089781.html?rel=rosEP>

- Canel, M.J. y García, A. (2013). Comunicar gobiernos fiables. Análisis de la confianza como valor intangible del Gobierno de España. [Internet]. *ZER*, 18 (34), pp. 29-48. [Fecha de consulta: 20/06/14]. Disponible en:

- <http://www.ehu.es/zer/hemeroteca/pdfs/zer34-02-canel.pdf>

- Canel, M.J. y Sanders, K. (2010). Para estudiar la comunicación de los gobiernos. Un análisis del estado de la cuestión. [Internet]. *Comunicación y Sociedad*, 23 (1), pp. 7-48. [Fecha de consulta: 13/05/14]. Disponible en:

- <http://www.unav.es/fcom/communication-society/es/resumen.php?art_id=349>

- Cebeiro, M., Reinero, D. y Muñoz, R. (2013). 78 muertos, 12 preguntas sobre el accidente de tren en Santiago. [Internet]. *El País*. [Fecha de consulta: 02/09/14]. Disponible en:

- <http://ccaa.elpais.com/ccaa/2013/07/26/galicia/1374871929_8 18532.html>

- El País (1996) [Internet]. *El País*. [Fecha de consulta: 20/10/14]. Disponible en: <http://elpais.com>

- El Mundo (1995) [Internet]. *El Mundo*. [Fecha de consulta: 20/10/14]. Disponible en: <http://www.elmundo.es>

- Europa Press (2014). La plataforma Xuntos pide al juez que investigue por posible "negligencia" al exministro José Blanco. [Internet]. *La Vanguardia*. [Fecha de consulta: 22/09/14]. Disponible en:

- <http://www.lavanguardia.com/local/galicia/20140922/5441623
  0965/la-plataforma-xuntos-pide-al-juez-que-investigue-por-
  posible-negligencia-al-exministro-jose-blanco.html>

- Europa Press (2014). Víctimas de Angrois exigen "verdad, justicia
  y no más mentiras". [Internet]. *Europa Press*. [Fecha de consulta:
  22/09/14]. Disponible en:

- <http://www.europapress.es/galicia/noticia-victimas-
  concentran-obradoiro-exigir-verdad-justicia-no-mas-mentiras-
  dia-aniversario-20140724124754.html>

- Gutiérrez-Rubí, A. (2013). La comunicación política de crisis. [In-
  ternet]. *El País*. [Fecha de consulta: 10/09/14]. Disponible en:

- <http://ccaa.elpais.com/ccaa/2013/07/28/galicia/1375039230_1
  86983.html>

- Iturriaga, D. (2004). Cuatro días que acabaron con ocho años:
  aproximación al estudio del macroacontecimiento del 11-14M. [In-
  ternet]. *Historia Actual Online*, (5), pp. 15-30. [Fecha de consulta: 12/09/]. Disponible en:

- <http://dialnet.unirioja.es/servlet/articulo?codigo=996036>

- Piñuel, J. L. (2002). Epistemología, metodología y técnicas del
  análisis de contenido. [Internet]. *Estudio de Sociolingüística*, 3
  (1), pp. 1-42. [Fecha de consulta: 22/02/14]. Disponible en:

- <https://www.ucm.es/data/cont/docs/268-2013-07-29-
  Pinu-
  el_Raigada_AnalisisContenido_2002_EstudiosSociolinguisticaU
  Vigo.pdf>

- Seneghini, F. (2013). Rajoy, condoglianze copia-e-incolla «Dolore
  per le vittime del terremoto cinese». [Internet]. *Corriere della Se-
  ra*. [Fecha de consulta: 17/09/14]. Disponible en:
  <http://www.corriere.it/esteri/13_luglio_25/rajoy-condoglianze-
  errore_e5564be0-f4e1-11e2-b38b-ce85f307318c.shtml>

- Torres, M.A. y Marcos, J. (2014). Una diputada del PP en Madrid
  abandona el partido por discrepancias. [Internet]. *El País*. [Fecha
  de consulta: 22/09/14]. Disponible en:

- <http://politica.elpais.com/politica/2014/09/03/actualidad/140
  9731975_499080.html>

- El País (2013). Una semana después de la tragedia. [Internet]. *El
  País*. [Fecha de consulta: 18/09/14]. Disponible en:

- <http://www.elmundo.es/elmundo/2013/07/30/espana/1375211554.html>

- Vázquez, C. (2013). Las víctimas del metro exigen una investigación similar a la de Santiago. [Internet]. *El País*. [Fecha de consulta: 10/09/14]. Disponible en:

- <http://ccaa.elpais.com/ccaa/2013/08/20/valencia/1377027133_538498.html>

- Zafra, M. y Alonso, A. (2012). La catástrofe, de principio a fin. [Internet]. *El País*. [Fecha de consulta: 19/06/14]. Disponible en:

- <http://elpais.com/elpais/2012/10/14/media/1350224667_981379.html>

CAPÍTULO VIII

¿CÓMO SE GESTIONA LA COMUNICACIÓN DE CRISIS EN INUNDACIONES? EL USO DE LAS REDES SOCIALES EN DESASTRES NATURALES

María Antonia Calleja-Reina
Elena Becerra Muñoz
Universidad de Málaga

1. Introducción

El pasado 4 de diciembre 2016, la provincia de Málaga afrontaba una de las mayores inundaciones desde el año 1989. Las intensas lluvias sacudieron con mayor fuerza los municipios de Estepona, Marbella y Cártama; aunque también afectaron a Málaga capital y otras localidades de la costa occidental.

La situación llegó a considerarse de nivel 2 de emergencia en la provincia de Málaga por las lluvias torrenciales, lo que requirió de una coordinación de los diferentes actores implicados; así como de una comunicación efectiva hacia la ciudadanía.

Los días antes de la gran tormenta, la provincia ya estaba experimentando abundantes lluvias. Fue entonces, el 30 de noviembre, cuando la Agencia Estatal de Meteorología (AEMET) anunciara desde su cuenta oficial en Twitter, @AEMET_Esp, de avisos nivel naranja por lluvias para el día siguiente en Andalucía. El mismo día 4 de diciembre a las 07:03 de la mañana, de nuevo a través de Twitter, AEMET anunció nivel máximo rojo por lluvias en Andalucía.

El temporal causó el caos en la Costa del Sol. Aunque las lluvias empezaron desde días anteriores, fue el domingo 4 de diciembre cuando se registraron las máximas precipitaciones de los últimos 30 años. Las precipitaciones han causado numerosos destrozos, así como importantes pérdidas económicas y la muerte de dos personas.

2. Antecedentes

Las inundaciones suponen uno de los riesgos fundamentales para la región de Andalucía. "Su periodicidad y frecuencia, así como su incidencia en múltiples entornos (social, económico, ecológico,...) fundamentan la importancia de este riesgo en el territorio de nuestra Comunidad" (Junta de Andalucía, 2016 pág. 5).

En concreto, la provincia de Málaga es el escenario proclive de graves catástrofes por inundación debido a tres factores:

- La ubicación geográfica de la provincia, entre dos mares y dos continentes, donde son recurrentes los episodios de aguaceros torrenciales,

- un modelo descontrolado de ocupación humana, urbanizando llanuras de inundación de los ríos, arroyos y desagües naturales,

- y un proceso histórico y prolongado de deforestación (Sau, 2017).

De hecho, son habituales tales fenómenos meteorológicos adversos con fuertes temporales de lluvia y viento en la provincia de Málaga.

AEMET informaba a través de su cuenta oficial de Twitter del "riesgo extremo" por lluvias en la gran parte de la provincia de Málaga (Agencia Estatal de Meteorología, 2016). Igualmente, lo hacía a través de su página web, en la sección de "Avisos meteorológicos" (Agencia Estatal de Meteorología, 2016).

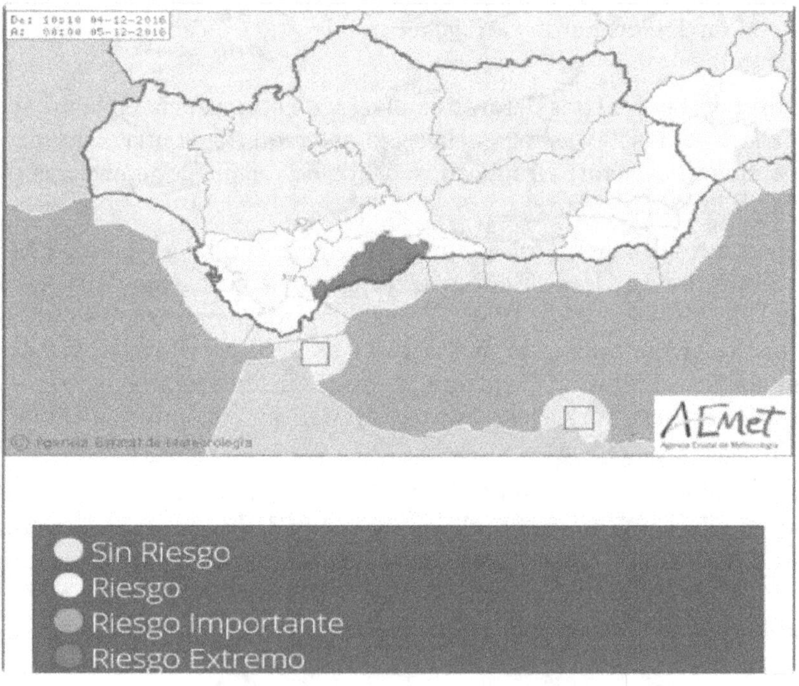

Ilustración 1.- Cuenta oficial de Twitter de la Agencia Estatal de Meteorología (AEMET) @AEMET_Esp (2016)

De hecho, se llegó a activar el nivel 2 del plan de emergencias en la provincia. El nivel 2 de emergencias se activa como consecuencia de la situación extraordinaria, e implica la solicitud de medios externos, es decir, se requiere movilizar recursos ajenos para una gestión satisfactoria de la crisis.

Tal y como se observa en la imagen a continuación, el temporal afectó en mayor medida a los municipios del litoral malagueño, aunque también otras localidades del interior se vieron afectadas, como Cártama o Alhaurín de la Torre. "Las fuertes lluvias han afectado en mayor medida a los municipios del oeste de la provincia, con hasta 215,8 litros por metro cuadrado contabilizados por la Agencia Estatal de Meteorología (Aemet) en Estepona; 206,2 en Marbella; 182,6 en Manilva; 164 en Benahavís, y 135,6 en Coín" (Diario Sur, 2016).

Ilustración 1.- Imagen extraída de Diario Sur (2016)

En este contexto, y tras la tromba, numerosos ciudadanos tuvieron que abandonar sus hogares y se rescataron animales de diferentes fincas y de la Protectora de Animales. Las anegaciones afectaron al viario público, garajes, bajos de viviendas y locales comerciales. Entre las infraestructuras más afectadas, destacan los numerosos cortes de carreteras al tráfico, derrumbamientos y las instalaciones del metro de Málaga. También, se registraron incidencias de tráfico por balsas de agua y desprendimientos que provocaron vehículos bloqueados o arrastrados por el agua. Igualmente, se canceló la celebración de la Maratón de Málaga y los días posteriores se suspendieron las clases en algunos colegios.

El peor desenlace de esta crisis fue la muerte de una mujer en la provincia de Málaga, y un hombre en la provincia de Cádiz.

Como consecuencia de este temporal se registraron importantes pérdidas económicas a causa de las inundaciones: daños en las infraestructuras públicas, cosechas, propiedad privada, etc.

3. Marco Teórico

Aunque desde la Real Academia Española (RAE) se describe desastre como "desgracia grande, suceso infeliz y lamentable" (RAE), desde la Dirección General de Protección Civil y Emergencias se refiere a la "situación en la que toda la población, de forma indiscriminada, se ve afectada por los hechos infaustos, y la vida social cotidiana se ve alterada" (Dirección General de Protección Civil y Emergencias, 2005 pág. 3).

Cuando se produce un desastre o catástrofe, la necesidad de una comunicación de crisis oportuna, precisa y eficaz es fundamental. De este modo, y según Protección Civil (2005), la información en emergencia tendría por objetivos: *Informar* sobre la presencia del peligro, *ofrecer* pautas inmediatas de autoprotección, *transmitir* el comportamiento más adecuado a seguir, *mantener* informado sobre el proceso de la emergencia, y por último, *transmitir* serenidad y confianza (Dirección General de Protección Civil y Emergencias, 2005 pág. 10).

La comunicación en crisis se entiende como "la recopilación y procesamiento de la información por parte del equipo de toma de decisión en crisis junto con la creación de mensajes de crisis a personas fuera del equipo" (Coombs, y otros, 2012 pág. 20). En la actualidad, este tipo de comunicación se ha adaptar a los requerimientos de las redes sociales como, por ejemplo, Twitter, Facebook o Flickr.

En este sentido, tradicionalmente los desastres naturales han sido retransmitidos por los canales de comunicación de masas como la prensa, la radio y la televisión. Sin embargo, con la irrupción de las redes sociales este nuevo paradigma comunicativo está cambiando. De hecho, paulatinamente, los medios convencionales están siendo desplazados por los (ya no tan) nuevos medios digitales de comunicación. Esto no significa que los medios tradicionales se hayan quedado obsoletos en respuesta a desastres, pero sí que deben estar integrados con la estrategia de comunicación de las redes sociales.

Las redes sociales son unos canales de comunicación online que comparten cinco características comunes: (1) *participación*: cualquier persona puede crear y dar retroalimentación sobre el contenido; (2) *apertura*: la mayoría de las redes sociales permiten a las personas publicar contenido y retroalimentación; (3) *conversación*: facilita la interacción bidireccional;

(4) *comunidades*: se pueden formar rápidamente grupos con intereses similares; y (5) *conexión*: hay un uso intensivo de enlaces a otros contenidos[24] (Coombs, 2015 pág. 19).

Hoy en día las sociedades tienen que hacer frente a diversos tipos de crisis como, por ejemplo: desastres naturales, atentados terroristas, protestas políticas, o una crisis sanitaria. Así, cuando una crisis ocurre las redes sociales juegan un papel fundamental en la comunicación de crisis. De acuerdo con Kalson (2015) en su artículo a través de la página web, www.preparedex.com, los medios sociales presentan grandes potencialidades en un desastre. Así, por ejemplo:

- Las redes sociales proporcionan a las organizaciones una poderosa herramienta para crear confianza entre la población. De este modo, los servicios de emergencias tendrán la oportunidad de posicionarse en estos medios como una fuente de información pública autorizada durante el desastre.

- Las redes sociales además refuerzan los canales tradicionales de comunicación (sirenas o medios de comunicación), al igual que fomentan la retroalimentación del público.

- Un monitoreo constante de las redes sociales puede ayudar a los servicios de emergencias como sistema de alerta temprana para identificar los desastres pendientes.

- Permiten, igualmente, monitorear lo que la población publica, así como la opinión pública, antes, durante y después de una crisis.

- Ofrecen una forma adicional de rastrear la evolución del desastre, así como la efectividad de la respuesta, tal y como lo percibe el público.

- Además, aportan otra manera de evaluar el progreso de la recuperación después del desastre.

- Por último, existe una amplia variedad de plataformas de redes sociales que entran en juego en la gestión de la crisis, cada una con sus propias características. (Kalson, 2015).

Desde la irrupción de las redes sociales, éstas se han hecho eco de numerosas catástrofes naturales, permitiendo a los servicios de emergencias y al público compartir en tiempo real información relevante al estado del desastre. "La experiencia demuestra que las redes sociales en algunos momentos fueron el único método de comunicación durante los desastres. Cuando estos eventos suceden, los usuarios utilizan las redes para llenar una necesidad de información, donde además pueden ver imágenes y videos en tiempo real" (Biblioteca del Congreso Nacional de Chile, 2017).

---

[24] Los términos utilizados por Coombs (2015) son: Participation, openness, conversation, communities, connectedness.

Gracias al uso de las redes sociales por parte de la población afectada, los servicios de emergencias pueden recopilar información de gran relevancia que contribuirán a mitigar en mayor o menor medida los efectos del desastre (Munro, 2013). El intercambio de imágenes, ubicaciones, el número de personas afectadas o el tipo de ayuda requerida ayudarán a conectar a las personas que lo necesitan con los servicios de emergencias.

Pero la población no solo necesita conocer el estado del desastre, o también conocido situational awareness. Durante un evento excepcional, la gente está estresada, asustada y necesita buscar información. De este modo, "las redes sociales y las aplicaciones móviles se convierten en una forma de llegar a ellos con apoyo emocional y consejos sobre cómo mantenerse a salvo" (American Red Cross, 2012).

Durante las tres fases de la crisis propuestas por Coombs (2012 pág. 10): pre-crisis, crisis y post-crisis; el uso de las redes sociales por parte de las instituciones implicadas podría convertirse en una pieza clave en la gestión de la crisis. Aunque, según el CERC[25], "la comunicación pre-crisis y la planificación ayudaran a la respuesta y a mitigar el daño en las etapas posteriores" (Seeger, y otros, 2010 pág. 501). Para ello, las autoridades responsables necesitan tener acceso a información de alta calidad y rigurosa para distribuir los recursos, asignar tareas y coordinarse los unos con los otros (Saravanou et al, 2015).

A pesar de que, hoy en día, existen numerosas redes sociales que participan en la comunicación de crisis, como Facebook, YouTube o Flickr. Según la OCHA, Twitter es actualmente la plataforma de social media que mejor se adapta a la respuesta de emergencia debido a la publicación en tiempo real, a la alimentación de información pública y a las relaciones asimétricas (intercambio de información de uno-a-muchos o no recíproco)" (United Nations Office for the Coordination of Humanitarian Affairs (OCHA), 2014 pág. 3).

En la actualidad, Twitter es considerado como un medio para la comunicación efectiva en emergencias por su "creciente ubicuidad, rapidez de las comunicaciones, y la accesibilidad multiplataforma". Por lo tanto, "la información puede ser recopilada durante un evento de crisis para determinar lo que está sucediendo en el terreno" (Vieweg et al, 2010 pág. 1079).

Sin embargo, algunos autores aseguran que durante la alerta temprana y la planificación, la manera en la que Twitter es utilizado por la población es más crítica que la respuesta de esta plataforma durante o inmediatamente después de un desastre (Landwehr et al, 2016 pág. 34).

---

[25] La Comunicación de riesgos en crisis y emergencias, conocida por su acrónimo en inglés CERC, de "Crisis and Emergency Risk Communication Model".

Dado que Twitter es fácil de usar y es extremadamente popular, lo convierte en una herramienta de comunicación muy eficiente en un desastre (White, 2014). En este sentido, se destaca la utilización de Twitter en las inundaciones de Málaga, ocurridas en diciembre de 2016. Otras inundaciones anteriores fueron retransmitidas a través de Twitter: Inundaciones en Red River en Dakota del Norte en Estados Unidos (2009), en Tailandia (2011), en el río Elba en Alemania (2013), en el Estado de Colorado en Estados Unidos (2013), y en Reino Unido (2014), entre otras.

4. Resultados

El pasado 4 de diciembre 2016, la provincia de Málaga sufrió las peores inundaciones registradas desde los últimos 25 años. El fuerte temporal causó graves daños en numerosos municipios de la provincia, llegando incluso a activarse el nivel 2 de emergencias por lluvias torrenciales.

Desde que la Agencia Estatal de Meteorología (AEMET) anunciara a través de su cuenta oficial de Twitter, @AEMET_Esp, el nivel naranja por lluvias en Andalucía, el día 30 de noviembre, saltaron todas las alarmas ante el peor temporal al que se enfrentaría la provincia desde 1989.

Ilustración 3.- Imagen del tuit publicado por AEMET. Fuente Twitter (2016)

Durante el temporal, las redes sociales se convirtieron en el espacio de información donde se generaba y compartía información sobre el desastre. De este modo, los ciudadanos utilizaban estos canales para convertirse en informadores de la tragedia. "Hoy en día los usuarios pueden capturar vídeos y audios de buena calidad a través de celulares, adecuar estas imágenes (...) y posteriormente transmitir el contenido a un público ilimitado por medio de una plataforma web 2.0" (Halpern, 2008 pág. 50).

En este sentido, la comunidad en Twitter popularizó el hashtag #TrombaMLG, que en poco tiempo se convirtió en tendencia en las redes sociales (Trendinalia, 2016). "Para Twitter el codificar hashtags está emergiendo como una manera práctica de coordinar los mensajes durante las emergencias y de identificar información relevante de manera rápida" (Grasso & Crisci, 2016 pág. 1).

Trendinalia España

País:	#	Trending Topic	Duración
• España	1	#FelizDomingo	14:20
	2	#1AñoGhostTown	12:25
Fecha	3	#trombaMLG	11:30
• 4/12/2016	4	#L6Nmedidasgobierno	11:10
• 3/12/2016			
• 2/12/2016	5	#10000SonrisasDeAdara	11:05
• 1/12/2016			
• 30/11/2016	6	#HarmonizersAreBeautiful	10:40
• 29/11/2016			
• 28/11/2016			

Ilustración 4.- Imagen de las tendencias en redes sociales. Trendinalia (2016)

Al estandarizar proactivamente determinados hashtags, los servicios de emergencia pueden ser capaces de reducir un desafío del Big Data y pueden aprovechar mejor la información crowdsourced para la planificación operacional y la respuesta ante una crisis (OCHA, 2014 pág. 2).

Ilustración 5.- Interes de #TrombaMLG en Google Trends (2016)

Según la herramienta de Google que muestra los términos de búsqueda más populares, Google Trends, el interés en la búsqueda de la palabra "#TrombaMLG" el 4 de diciembre de 2016 fue del 100%. De un 45% el 5 de diciembre y de un 51% el 6 de diciembre[26] (Google Trends, 2017).

Durante las inundaciones, las redes sociales se llenaron de memes en cuestión de horas. "Estos memes o imágenes, vídeos, textos o todo tipo de construcción multimedia se convirtieron en viral, fundamentalmente, a través de las redes sociales" (Calleja-Reina, 2015 pág. 81).

Ilustración 6.- Imagen del meme. Fuente Desconocido (2016)

5. Discusión y Conclusiones

En diciembre de 2016, el sur de España, y concretamente la provincia de Málaga fue golpeada por las peores inundaciones de los últimos 30 años. El temporal batió el récord histórico de Málaga, superando así todas las

---

[26] Los números reflejan el interés de búsqueda en relación con el mayor valor de un gráfico en una región y en un periodo determinados. Un valor de 100 indica la popularidad máxima de un término, mientras que 50 y 0 indican una popularidad que es la mitad o inferior al 1%, respectivamente, en relación al mayor valor.

previsiones. De hecho, se tuvo que activar el nivel 2 de emergencia en la provincia de Málaga por las lluvias torrenciales. Durante pocas horas, se registraron incidencias a nivel provincial que revelaban los importantes daños y pérdidas económicas y humanas a causa de las inundaciones.

Ante lo inesperado de una crisis, las autoridades no pueden predecir el momento en el que ocurre, sin embargo, éstas pueden desarrollar con antelación un plan de crisis e implementar estrategias que prepare a la organización" (Novak et al, 2008 pág. 47).

Muchos investigadores han observado el potencial uso de las redes sociales por parte de los servicios de emergencias, y declararon que si éstas se usarán, su capacidad de llegar a grandes multitudes más rápido aumentará significativamente (Denis et al, 2012). De este modo, las instituciones tendrán la capacidad de promover una eficiente comunicación de crisis basada en el incremento de conocimiento y comprensión de la situación, fortalecer la confianza y la credibilidad; y por último, establecer el diálogo y la disponibilidad con respecto a los ciudadanos.

Sin embargo, de acuerdo con Beneito-Montagut et al (2013) las organizaciones gubernamentales nunca podrán estar plenamente preparadas para un desastre. Sólo podrán intentar lo que esté en sus manos para prevenirlo, prepararse para ello o responder y actuar apropiadamente. En cualquier caso, es fundamental contar con una estrategia de gestión preestablecido y un plan de comunicación de crisis.

De entre todas las plataformas de *social media* que existen actualmente, el servicio de *microblogging*, Twitter, es considerada la herramienta que "mejor se ajusta" a la respuesta de emergencias. Ante una crisis, por tanto, se recomienda utilizar todos los recursos que ofrece Twitter como: fotografías, infografías, hashtags, vídeos, URLs, entre otras funcionalidades de la plataforma. De este modo se genera un contenido más atractivo para el usuario, que puede consumir y compartir, pudiendo así llegar a más gente.

En este sentido, durante el temporal el hashtag #TromaMLG se popularizó entre los internautas convirtiéndose en tendencia en las redes sociales. Una estandarización de los hashtags ayudaría a los servicios de emergencias a responder de manera más eficiente durante las crisis. "La cantidad de información intercambiada online puede ser abrumador y puede que no seamos capaces de separar lo que es relevante del ruido. En Twitter, el uso de hashtags tienden a reducir este efecto" (Grasso & Crisci, 2016 pág. 2).

Algunos autores apuestan ya por el uso de Periscope[27], donde la distinción entre ciudadanos y periodistas deja estar claramente definida. De este

---

[27] Periscope, es una aplicación live-streaming, o de transmisión en vivo, adquirida por Twitter en 2015.

modo, los usuarios podrían estar "potencialmente transmitiendo desde cualquier lugar del mundo con prácticamente ningún intermediario entre un evento y el público, ofreciendo así a los espectadores una visión de primera fila de noticias de última hora anterior a la cobertura por parte de los medios tradicionales" (Fichet, 2016 pág. 1).

"La accesibilidad y la inmediatez de vídeo en vivo directamente desde el escenario de la crisis, y los chats integrados superpuestos en la parte superior de un canal de video, amplían las posibilidades de interacción en tiempo real entre los ciudadanos que usan Twitter desde cualquier lugar del mundo y aquellos que se encuentran cerca de la crisis" (Irescate.es, 2016).

En definitiva, las redes sociales protagonizan un papel crucial en la gestión de la comunicación ante cualquier crisis. Dadas las numerosas peculiaridades de estos canales, la comunicación resulta rápida, eficaz y directa con sus usuarios; así como, gratuita, fácil de utilizar y accesible al gran público. Por ello, se requiere la incorporación de las redes sociales en la estrategia de comunicación de crisis.

6. Bibliografía

- Agencia Estatal de Meteorología. 2016. http://www.aemet.es/. [En línea] 4 de Diciembre de 2016. [Fecha de consulta: 18 de Febrero de 2016.]

- <http://www.aemet.es/es/eltiempo/prediccion/avisos?w=hoy&k =and>

- Agencia Estatal de Meteorología. 2016. https://twitter.com/AEMET_Esp/. [En línea] 4 de Diciembre de 2016. [Fecha de consulta: 18 de Febrero de 2017.]

- <https://twitter.com/AEMET_Esp/status/805291298081140736 ?lang=es>

- American Red Cross. 2012. http://www.redcross.org/. [En línea] 31 de Agosto de 2012. [Fecha de consulta: 28 de Junio de 2017.]

- <http://www.redcross.org/news/press-release/More-Americans-Using-Mobile-Apps-in-Emergencies>

- Beneito-Montagut, R., Shaw, D. y Brewster, C. 2013. Disaster 2.0 emergency management agencies use and adoption of web 2.0. Birmingham, Reino Unido : Aston University, 2013. págs. 1- 174.

- Biblioteca del Congreso Nacional de Chile. 2017. http://www.bcn.cl. [En línea] 24 de Febrero de 2017. [Fecha de consulta: 28 de Junio de 2017.]

- <http://www.bcn.cl/observatorio/asiapacifico/noticias/municipi os-redes-sociales-manejo-desastres-japon>

- Calleja-Reina, M.A. 2015. Contagio del ébola en España: ejemplo de cómo no comunicar una crisis. [aut. libro] Colectivo. La pantalla insomne. Santa Cruz de Tenerife : s.n., 2015, págs. 71-87.

- Coombs, W.T. 2012. Ongoing crisis communication: planning, managing, and responding. Los Angeles : Sage, 2012.

- Coombs, W.T. 2015. Ongoing Crisis Communication: Planning, Managing, and Responding. [ed.] University of Central Florida. Fourth Edition. s.l. : SAGE Publications, INC, 2015. pág. 256.

- Coombs, W.T. y Holladay, Sherry J. 2012. The Handbook of Crisis Communciation. I. Malden, MA (USA): Wiley-Blackwell, 2012. pág. 768.

- Denis, L. A., Hughes, A. L. y Palen, L. 2012. Trial by fire: The deployment of trusted digital volunteers in the 2011 shadow lake fire. 2012. Proceedings of the 9th international ISCRAM conference Canada Vancouver, págs. 1-10.

- Diario Sur. 2016. http://www.diariosur.es/. [En línea] 5 de Diciembre de 2016. [Fecha de consulta: 18 de Febrero de 2017.]

- <http://www.diariosur.es/malaga/201612/05/cuanto-llovido-cada-zona-20161205011057.html>.

- Dirección General de Protección Civil y Emergencias. 2005. Guía Didáctica de Intervención Psicológica en Catástrofes. [DVD] [ed.] Ministerio del Interior. Madrid : s.n., 2005.

- Fichet, E., y otros. 2016. Eyes on the Ground: Periscope Use During Crises. Rio de Janeiro, Brazil : ISCRAM, 2016. 13th Annual Conference for Information Systems for Crisis Response and Management.

- Google Trends. 2017. https://trends.google.es/. [En línea] 2017. [Fecha de consulta: 29 de Junio de 2017.]

- <https://trends.google.es/trends/explore?date=2016-11-30%202016-12-08&geo=ES&q=%23trombaMLG>

- Grasso, V. y Crisci, A. 2016. Codified hashtags for weather warning on Twitter: an Italian Case Study. 5 de July de 2016, PLOS Current Disasters, Vol. 1, págs. 1-31.

- Halpern, D. 2008. Crisis 2.0: La necesidad de un modelo integrado de comunicación. 22, 2008, C uadernos de Información, Vol. I, págs. 48 – 56.

- Irescate.es. 2016. http://irescate.es. [En línea] 23 de May de 2016. [Fecha de consulta: 24 de June de 2017.]

- <http://irescate.es/periscope-cambia-la-comunicacion-de-crisis/>

- Junta de Andalucía. 2016. Plan de emergencia ante el riesgo de inundaciones en Andalucía. s.l. : Junta de Andalucía, 2016.

- Kalson, D. 2015. www.preparedex.com. [En línea] 1 de September de 2015. [Fecha de consulta: 18 de November de 2016.]

- <http://www.preparedex.com/pros-and-cons-of-social-media-before-during-and-after-a-crisis/>

- Landwehr, P.M., y otros. 2016. Using tweets to support disaster planning, warning and response. 2016, Safety Science , Vol. 90, págs. 33-47.

- Munro, R. 2013. Crowdsourcing and the crisis-affected community: Lessons learned and looking forward from Mission 4636. 2013, Information Retrieval Journal, Vol. 16, págs. 210-266.

- Novak, J. M. y Barrett, M. S. 2008. Tracking the Anthrax Story. Spokespersons and Effective Risk/Crisis Communication. [ed.] Sellnow, T. L., Ulmer, R. R.(Ed.) M. W. Seeger. Crisis Communication and the Public Health. s.l. : Hampton Press, 2008, págs. 43-56.

- Vieweg, S., Hughes, A., Starbird, K. and Palen, L. 2010. Microblogging during two natural hazards events: what Twitter may contribute to situational awareness.

- Atlanta, Georgia (USA) : s.n., 2010. Proceedings of ACM Conference on Computer Human Interaction (CHI), April. págs. Proceedings of ACM Conference on Computer Human Interaction (CHI), April.

- OCHA. 2014. Hashtag standards for emergencies. NY - Geneva : United Nations Office for the Coordination of Humanitarian, 2014. pág. 16.

- Perfil.com. 2016. www.perfil.com. [En línea] 4 de Marzo de 2016. [Fecha de consulta: 13 de Mayo de 2016.]

- <http://www.perfil.com/contenidos/2016/03/04/noticia_0099.html>

- RAE. http://www.rae.es/. [En línea] [Fecha de consulta: 18 de Febrero de 2017.]

- <http://dle.rae.es/?id=CUceyCB>

- Saravanou, A., y otros. 2015. Twitter Floods when it Rains: A Case Study of the UK Floods in early 2014. Florence, Italy : World Wide Web Conference Committee (IW3C2), 2015. WWW 2015 Companion.

- Sau, J.A. 2017. http://www.laopiniondemalaga.es/. [En línea] 15 de Febrero de 2017. [Fecha de consulta : 28 de Junio de 2017.]

- <http://www.laopiniondemalaga.es/malaga/2017/02/15/alertan-riesgo-recurrentes-inundaciones-zonas/909872.html>

- Seeger, M. W., Reynolds, B. y Sellnow, T. L. 2010. Crisis and Emergency Risk Communication in Health Contexts: Applying the CDC Model to Pandemic Influenza. [ed.] R. L. Heath, & O'Hair, H.D., Handbook of Risk and Crisis Communication. New York: Routledge : s.n., 2010, págs. 493-506.

- Trendinalia. 2016. http://www.trendinalia.com/. [En línea] 4 de Diciembre de 2016. [Fecha de consulta: 18 de Febrero de 2017.]

- <http://www.trendinalia.com/twitter-trending-topics/spain/spain-161204.html>

- United Nations Office for the Coordination of Humanitarian Affairs (OCHA). 2014. Hashtag Standards for Emergencies. New York : OCHA, PDSB, 2014.New York : s.n., 2014. pág. 18.

- White, E. 2014. The Application of Social Media in Disasters How Can Social Media Support an Effective Disaster Response? Washington : International Institute of Global Resilience, 2014. pág. 20.

*Este libro se terminó de elaborar
en octubre de 2017
en la ciudad de Sevilla,
bajo los cuidados de
Francisco Anaya Benítez,
Director de Egregius Ediciones.*

www.ingramcontent.com/pod-product-compliance
Lightning Source LLC
LaVergne TN
LVHW050539200726
843506LV00001B/27